古道寻踪

——茶马古道在阿坝
（都江堰至汶川）

阿坝藏族羌族自治州文物考古研究所 ◎ 编

李勤学 陈学志 潘莉 李俊 付三云 ◎ 编著

四川大学出版社

项目策划：杨岳峰
责任编辑：梁　明
责任校对：李　耕
封面设计：墨创文化
责任印制：王　炜

图书在版编目（CIP）数据

古道寻珍：茶马古道在阿坝：都江堰至汶川 / 李勤学等编著． 一 成都：四川大学出版社，2021.12
ISBN 978-7-5690-5261-9

Ⅰ．①古… Ⅱ．①李… Ⅲ．①古道－历史文物－都江堰市、汶川县 Ⅳ．① K872.71

中国版本图书馆CIP数据核字（2021）第267561号

书　名	古道寻珍——茶马古道在阿坝（都江堰至汶川）
	GUDAO XUNZHEN——CHAMAGUDAO ZAI ABA（DUJIANGYAN ZHI WENCHUAN）
编　者	阿坝藏族羌族自治州文物考古研究所
编　著	李勤学　陈学志　潘　莉　李　俊　付三云
出　版	四川大学出版社
地　址	成都市一环路南一段24号（610065）
发　行	四川大学出版社
书　号	ISBN 978-7-5690-5261-9
印前制作	成都墨之创文化传播有限公司
印　刷	四川盛图彩色印刷有限公司
装　订	成都东江印务有限公司
成品尺寸	185mm×260mm
印　张	20.5
字　数	295千字
版　次	2021年12月第1版
印　次	2021年12月第1次印刷
定　价	168.00元

◆ 版权所有 ◆ 侵权必究

◆ 读者邮购本书，请与本社发行科联系。
电话：(028)85408408/(028)85401670/(028)86408023　邮政编码：610065
◆ 本社图书如有印装质量问题，请寄回出版社调换。
◆ 网址：http://press.scu.edu.cn

四川大学出版社
微信公众号

目/录 contents

调查综述	01
调查线路图	07
调查成果（上篇：都江堰段）	27
西街	28
太平池	32
清真寺	33
三皇会碑记	36
西关古道	38
西关	40
斗犀台	42
玉垒关	44
玉垒关古道	48

都江堰禹王宫	51
西瞻堂	52
《治水记》碑	55
藏传佛教碑	57
敬修之治水德政坊	59
丁公祠遗址石柱	61
二王庙	62
安澜桥	67
白沙渡	71
珠罗坝	75
茶关	77
楠木堰	80
龙洞子	81
娘子岭东麓古道	83
幺店子	87
邓真人墓	89
李真人墓	91

调查成果（下篇：汶川段） ... 95

娘子岭	96
娘子岭西麓古道	109
甘溪铺	113
西瓜垴	120
映秀老街	124
豆芽坪	134
清水驿	135
东界垴	137
太平驿	140
兴文坪	142

梭坡店	145
银杏坪	147
沙坪关	149
彻底关	152
福堂坝	154
桃关	159
索桥	165
大邑坪	170
磨子沟	172
羊店	174
飞沙关	177
新店子	187
瓦窑坪	189
老店子	191
高店子	193
绵虒古城	195
绵虒县衙	202
绵虒禹王宫	204
绵虒文庙	207
白鱼落	211
板桥关	218
磨刀溪	223
七盘沟	227
七盘楼	232
沙窝子	237
撂官崖	243
姜维城	247
姜射坝	257

过街楼... 261
　　雁门关... 266
线路今昔对照表... 277
调查日志... 283
调查掠影... 303
后记... 321

01

调查综述

阿坝州茶马古道调查报告综述
——川藏"西"线都江堰至汶川段

茶马古道作为古代西南地区"以物易物"的重要通道和对外交流的重要渠道，是有着厚重人文和悠久历史的线性文化遗产，千百年来始终见证着风云更迭，朝代变迁，沿途承载着岁月中诉不尽的沧桑过往，毫不夸张地说，它已不是一条纯粹的道路，而是由千万条道路织就出来的一张政治、经济、文化、宗教交融网，日益受到社会各界的广泛关注。特别是近年来国家提出的"一带一路"倡议，更是将茶马古道这一丝绸之路的重要组成部分推向前所未有的高度。"鉴史以明镜，阅古以晓今"，在回顾历史的同时反思当下，将极大地推动我国文化自信建设。

近年来无论是学术界还是社会大众，言及"茶马古道"，大多都将其与四川、云南、西藏等地区联系在一起，以川藏、青藏、滇藏道路作为主线，而将其它道路作为支线。[1]其中，川藏线多指川藏"南"线，即自成都沿雅安行至西藏的道路，而对川藏"西"线言之甚少。因此，阿坝州茶马古道虽为全国重点文物保护单位，但常因线路较短、道路不全、缺少遗迹等缘故，较少受到关注。

---

[1] 雅安市人民政府、四川省文物管理局编：《边茶藏马：茶马古道文化遗产保护（雅安）研讨会论文集》，2012年，第3页。

2016年阿坝州文物管理所（现更名为阿坝州文物考古研究所）秉着"以史为据、全面调查、不断探索"的原则，启动了阿坝州茶马古道，即川藏"西"线——川甘青道的线性文化遗产调查工作。该路段是纵贯岷山山脉的茶马古道干道，即先秦时期的著名古道"岷山道"、汉时将成都丝绸输往北方"丝绸之路"的"河南道"、唐宋时期的西山道干道、明清时期的西路茶运输干道"松茂古道"，[1] 具有扼岷岭、控江源、屏蔽天府之功，左邻河陇，右达康藏，是成都平原进入甘肃、青海、西藏等地区的主要通道，为历代川、甘、青、藏四地之间的经济、文化、社会交流做出了不可磨灭的贡献。[2] 本次调查是为全面系统了解阿坝州茶马古道（都江堰市至汶川县）的路线及沿线重要的文化遗产资源而开展的实地调查工作。其工作步骤如下：

（1）**拟订调查计划**。由考古队、文保中心联合编制《茶马古道（阿坝段）线性文化遗产调查项目实施方案》，交由项目负责人陈学志及团队讨论修改，提交单位工作会议通过。

（2）**文献查阅**。通过查阅史籍、地方志、学术论文和相关著作等，了解阿坝州茶马古道的具体线路分支情况，并将各类文献中涉及茶马古道的内容进行梳理和摘录，总结前人研究的不足之处，找准调查和研究的重点。

（3）**线路调查**。本团队根据阿坝州茶马古道的分布情况，将田野调查工作分为三阶段，即都江堰至汶川段（简称：都汶段）、汶川至松潘段（简称：汶松段）及汶川至马尔康段（简称：汶马段）。为找到适合阿坝州的茶马古道调查方法，2016年团队率先开展都汶段的田野调查工作。此次调查以《松游小唱》所记载的线路为基础，结合地图，采用GPS等现代技术，以都江堰为起点，[3] 对该段古道及周边范围内的历史遗迹进行实地勘查。

---

[1] 雅安市人民政府、四川省文物局编：《边茶藏马：茶马古道文化遗产保护（雅安）研讨会论文集》，2012年，第175页。
[2] 李俊、李勤学：《川西北地区茶马古道文化遗产资源调查的探索——以都江堰—汶川段为例》，《汶川文博》（内部期刊）2017年2期，第71页。
[3] 都江堰辖区调查工作采用与都江堰市文物局联合的方式开展。

田野调查工作历时30余天，共计走访群众近百人，基本摸清了该段古道的现状。但在后期整理的过程中，我们发现了该次调查存在诸多不足：如对线路所蕴含的历史文化发掘不足；调查记录不完善；部分路段划分较长、调查点位不足。因该次调查未能达到预期目标，遂决定暂停田野调查工作，扩大资料收集和整理范围，进一步梳理调查点位。2019年，团队成员就补充资料进行汇总，并一致认定所收集资料已符合要求，可以开展田野调查。但因新增点位较多，团队就调查应采用点位补充方式还是全面复查的方式进行讨论，最终达成共识，仍以全面复查的方式进行田野调查。这次调查依旧从都江堰入手，新增无人机航拍，历时30余天，共计调查点位66处。经过两次调查，团队新发现了西关古道、娘子岭古道、叫花子岩窝、玉龙、磨刀溪等近20处保存较好的古道（其里程占全段道路的三分之一）以及"山高水□""临渊庐"等一批重要遗迹，较全面地掌握了阿坝州茶马古道都汶段的现状及其文化遗迹保存情况。

（4）**报告编写**。为客观、真实、全面地反映出古道现状，调查报告以具有代表性的调查点位为撰写节点，图文并茂，结合当地群众口述、相关资料文字记载及团队拍摄的图片，逐处对古道进行介绍；将调查日志、调查掠影附于报告之后，以便读者更加了解调查过程；通过"对比表"和"线路图"的形式进行今昔对比，力求翔实地反映出最真实的茶马古道。

针对同一段古道，跨越数年，进行两次田野调查，在同行的眼中可谓少见，但这种自我总结、自我革新工作态度，恰恰是一以贯之的考古精神所在。当这支由上至"60后"、下至"90后"的成员所组成的队伍回首这段田野调查时，大家感慨颇多，印象最深的几个词是"执着""艰辛""惊喜""团结"。执着，是老一辈文物工作者心中那种对历史锲而不舍的追求精神。年逾半百的陈学志所长亲自带队，详细记录调查情况，沿途将调查经验和方法倾囊相授；已近退休的范永刚副所长为让调查尽善尽美，制定详细的调查路线，多方协调，为我们解决后顾之忧；已享天伦之乐的樊拓宇老师更是以向导、老师身份陪同我们两越娘子岭，沿途为我们讲述古道的沧桑巨变和调查过往。艰辛，是由于我们所调查的路段过往研究不足，关注度不高，能够查阅的资料或是只言片语，或是语焉不详，我们只能根据文献线索再进行延伸，不断去探索。同时，为保证调查古道的最佳可视化效果、展示古道的保存现状，调查全程用脚步丈量，从春花未开到秋叶凋落，高原的阳光让队员们的脸庞一次次"蜕皮"，崎岖的山路让队员们脚上的水泡不断，面包与干粮成为午餐标配，山间的虫、蛇时常让队员们奉上另类"惊喜与尖叫"。惊喜，是每段古道遗迹有所印证都能让队员们一扫疲态，特别是西关古道、叫花子岩窝、玉龙等有重要遗迹的地方，更是让队员们兴奋了数日，成为数日内茶余饭后的谈论焦点。团结，是两次调查中没有一位队员退却，在险要之处分工明确，相互搀扶，牵手而行，整个调查过程中未发生一起安全事故。回到寝室后，大家首先自觉地对当天调查成果进行整理，讨论疑问，查看有无遗漏，做到了"今日事、今日毕"。

就调查结果而言，有喜有悲也有惑。喜的是打破了外界"遗迹甚少、线路已毁"的传言，新发现了一批重要的古道与遗迹，为我们下一步的保护、利用与研究提供了重要实物资料。同时，我们窥见了阿坝州古道的些许特征：其一，线路相对单一，即沿途就一条道路，很少有岔路或其他支路；其二，遗迹简陋，即受地形地貌制约，沿途的铺、店、关隘等遗迹规模甚小；其三，城镇化发展趋势明显，即文献中所记载的较发达的里、铺等已发展为村、镇所在（2008年地震后搬迁者除外），且格局上没有太大变化；其四，文化遗存较少，即除塘、堡以外，很少有涉及宗教信仰或民俗文化的遗迹。悲的是大部分古道和遗迹已消失于历史长河之中。究其主要原因，不外乎：其一，自然灾害。阿坝州因地处龙门山断裂带，多属高山河谷地段，地震、泥石流等灾害频发，特别是2008年汶川大地震造成多段古道损毁，为此，有群众感慨："应该早些年来，那时大部分（古道）还在，2008年汶川地震（古道）全部埋了，现在哪里找得到哦！"

其二，人为因素。"要想富先修路"，伴随着社会的发展，除了修路外，修电站、水库均在不同程度上加速了古道的消失。如今都江堰市龙池镇的茶关、珠罗坝、龙洞子等遗迹长眠于紫坪铺水库下；又如银杏坪、羊店等古道亦被国道213线（G213）和蓉昌高速公路所融合。另外还有一些古道也因城镇发展而成为村道、乡道的组成部分，披上了一层坚硬的"外衣"。惑的是在调查过程中有很多问题浮现出来。如据群众讲述：部分路段是有两条道路的，一条位于山脚，属于散客道路；一条位于高半山，由商队专属。但遗憾的是所述的几处道路皆因地震而消失，无从考证。又如磨刀溪古道中部的石砌石脊，其作用现在仍不得而知。此类问题虽未能解决，但发现问题不也是田野调查的魅力之一吗！也因如此，虽有先后两次调查，但调查报告仍有不足之处，主要是：其一，走访过程中信息了解不全面，导致个别点位在与史籍对照时出现偏差；其二，航拍技术有待提高。由于此次调查为团队第一次采用航拍辅助调查，其间虽特别注意其照片效果，但对大环境及各处相接路段的展示不够。

置身于大自然中田野调查已不再枯燥乏味，更像是结伴而行的一次"驴友"旅行，沿途总是充满了欢声笑语。大概百年前伊莎贝拉·伯德（Isabella Lucy Bishop，1831—1904）和亨利·威尔逊（Ernest Henry Wilson，1876—1930）等外国友人行游此间，也有与此相似的心境吧！陈学志老师常说："不要不知足，别人是花钱来体验，我们是拿补助来体验。"这看似戏谑之言，实则是阿坝州文物工作者的精气神所在。"茶马互市鉴古今，羊肠古道述兴衰"，让我们共同踏上这段蹄声萦耳的穿越之旅吧！

编者
2021年8月

02

调查线路图

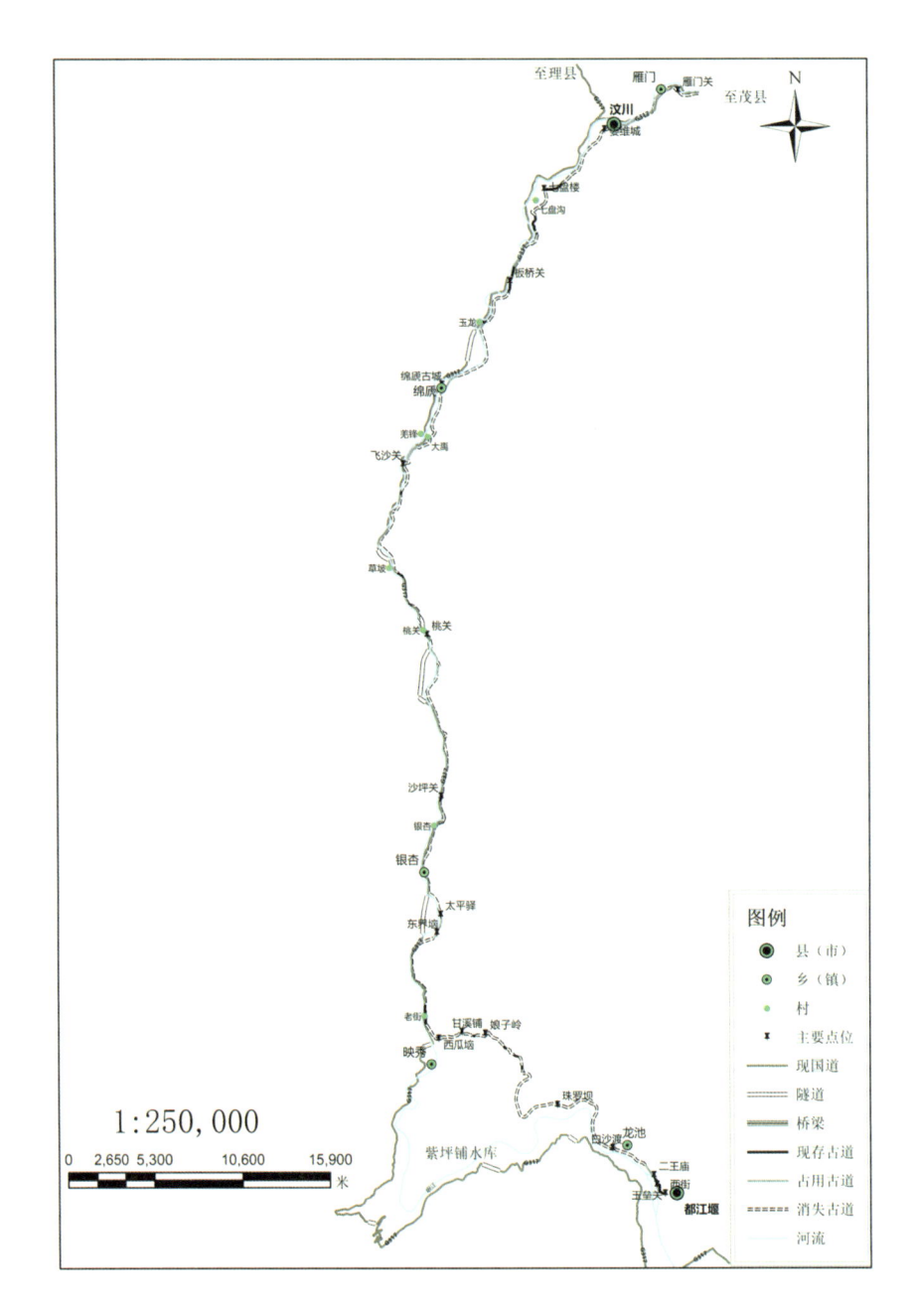

茶马古道都江堰至汶川段调查线路示意图（总）

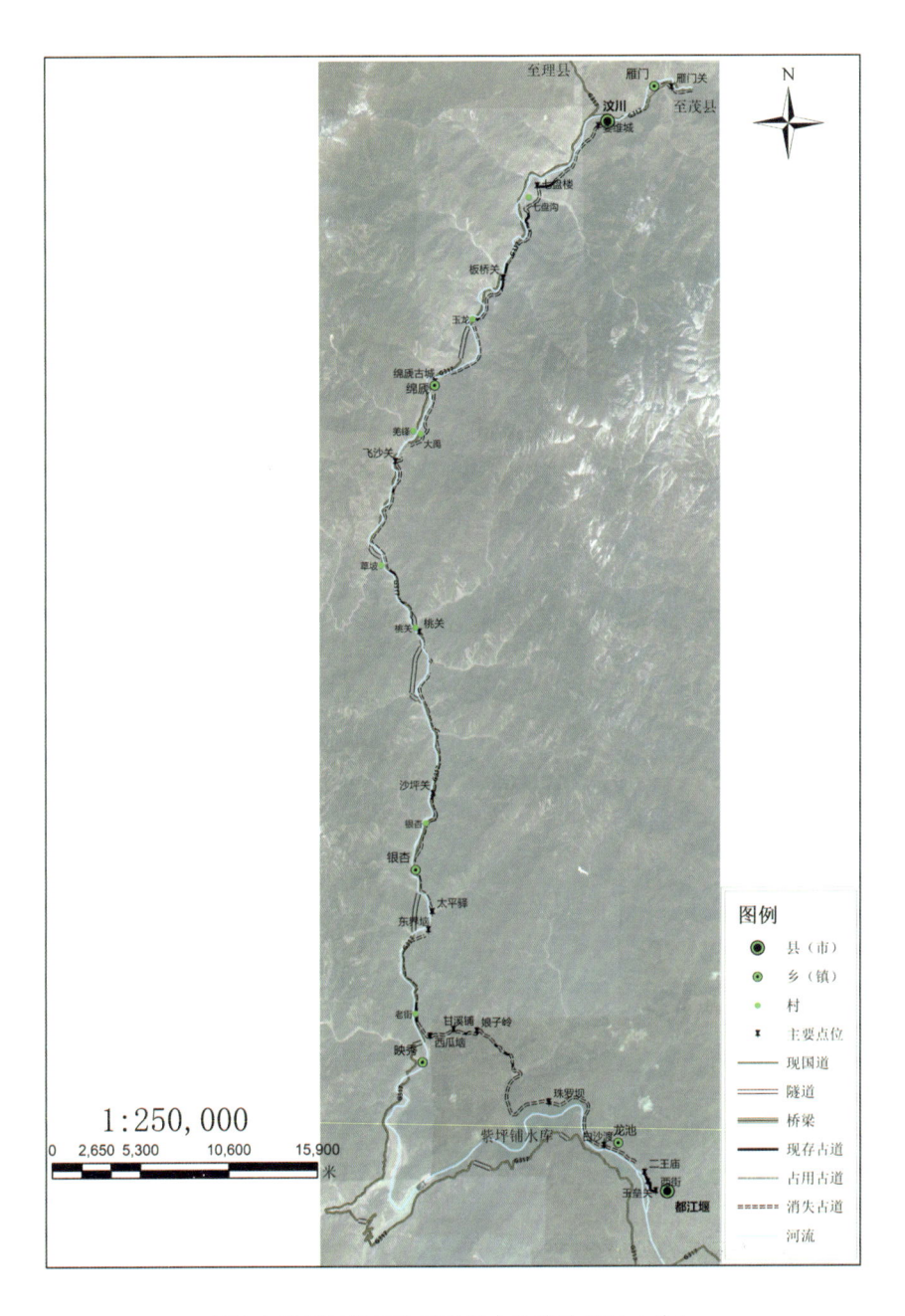

茶马古道都江堰至汶川段调查线路地形图（总）

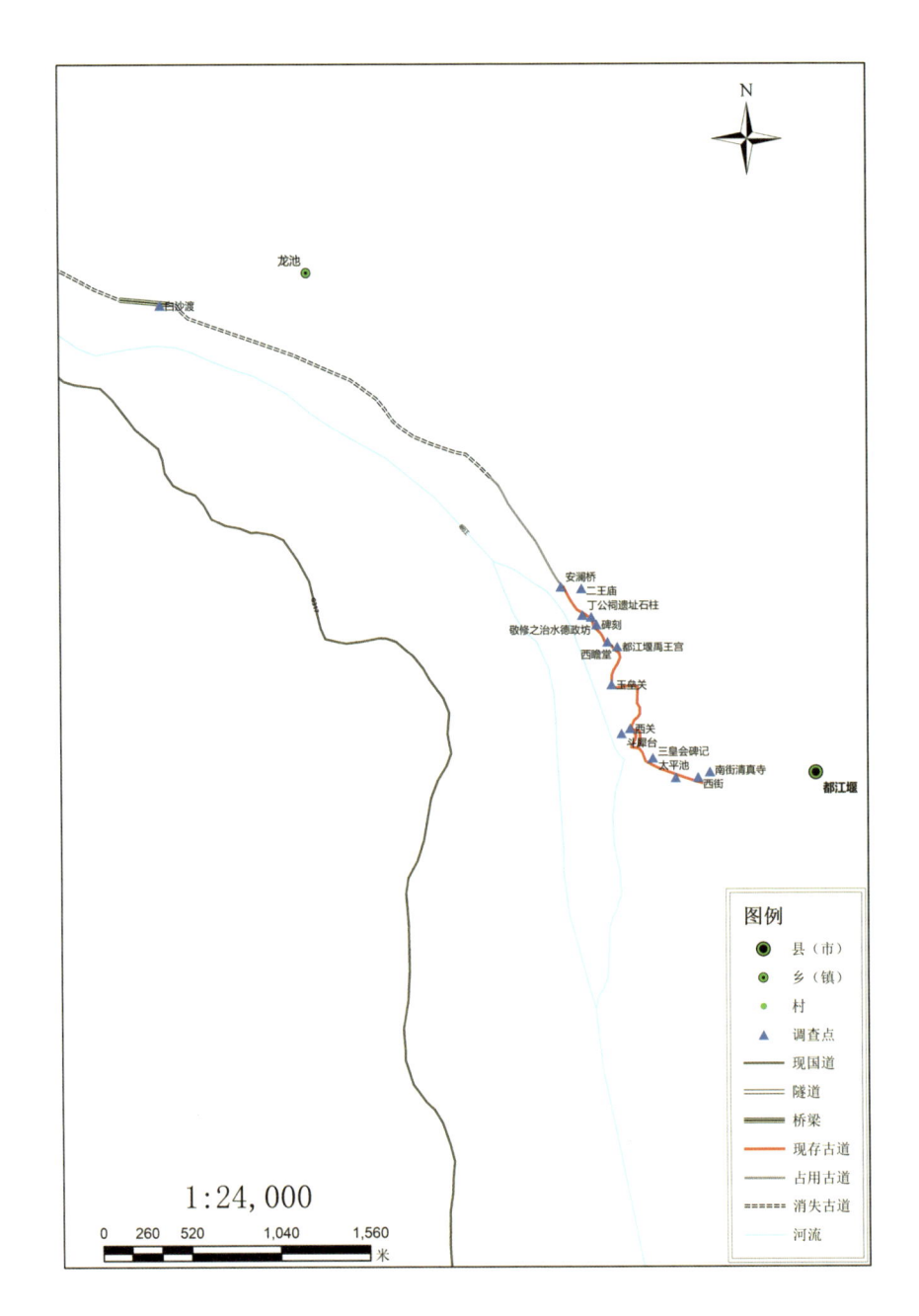

茶马古道都江堰至汶川段调查线路局部示意图（一）

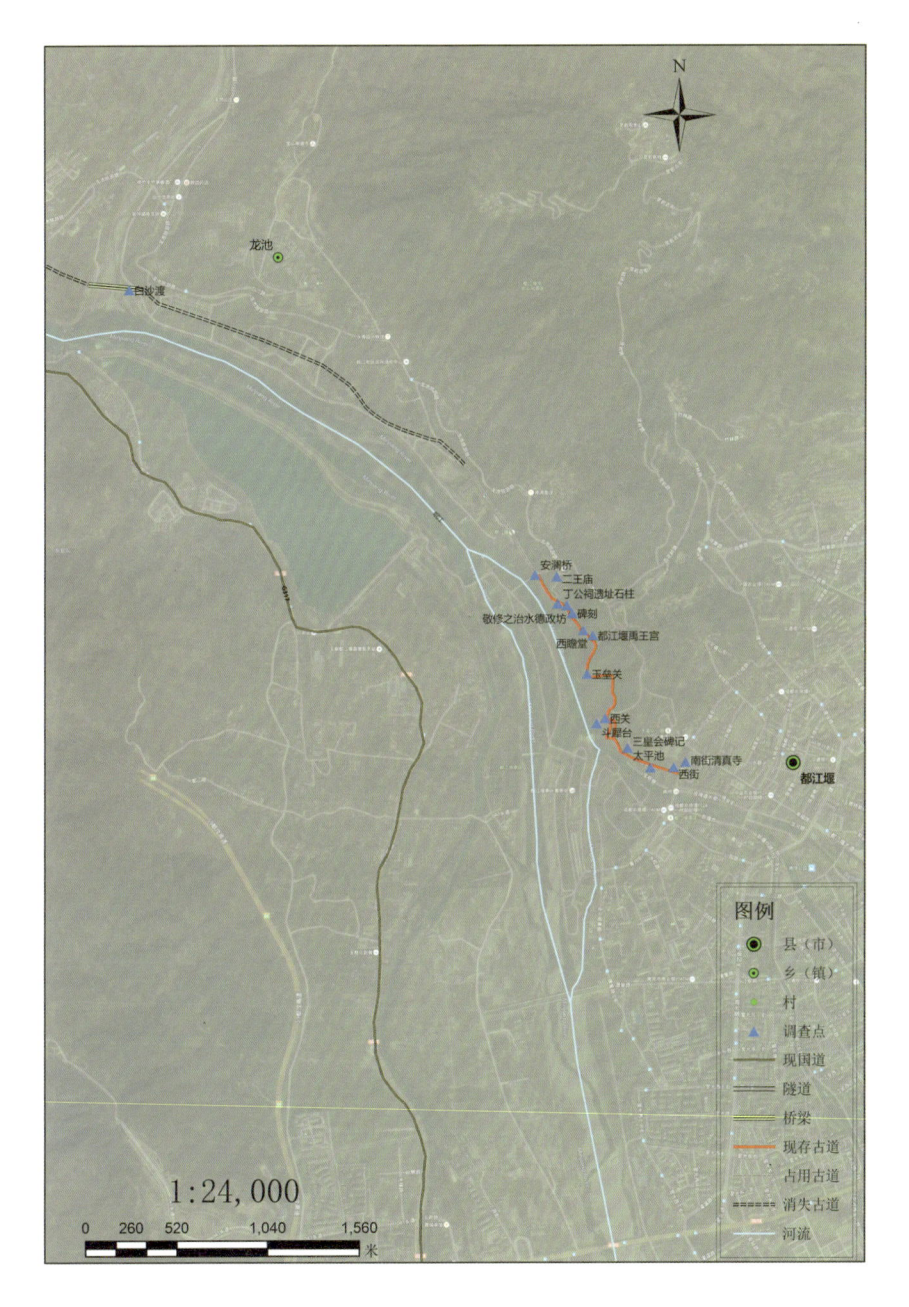

茶马古道都江堰至汶川段调查线路局部地形图（一）

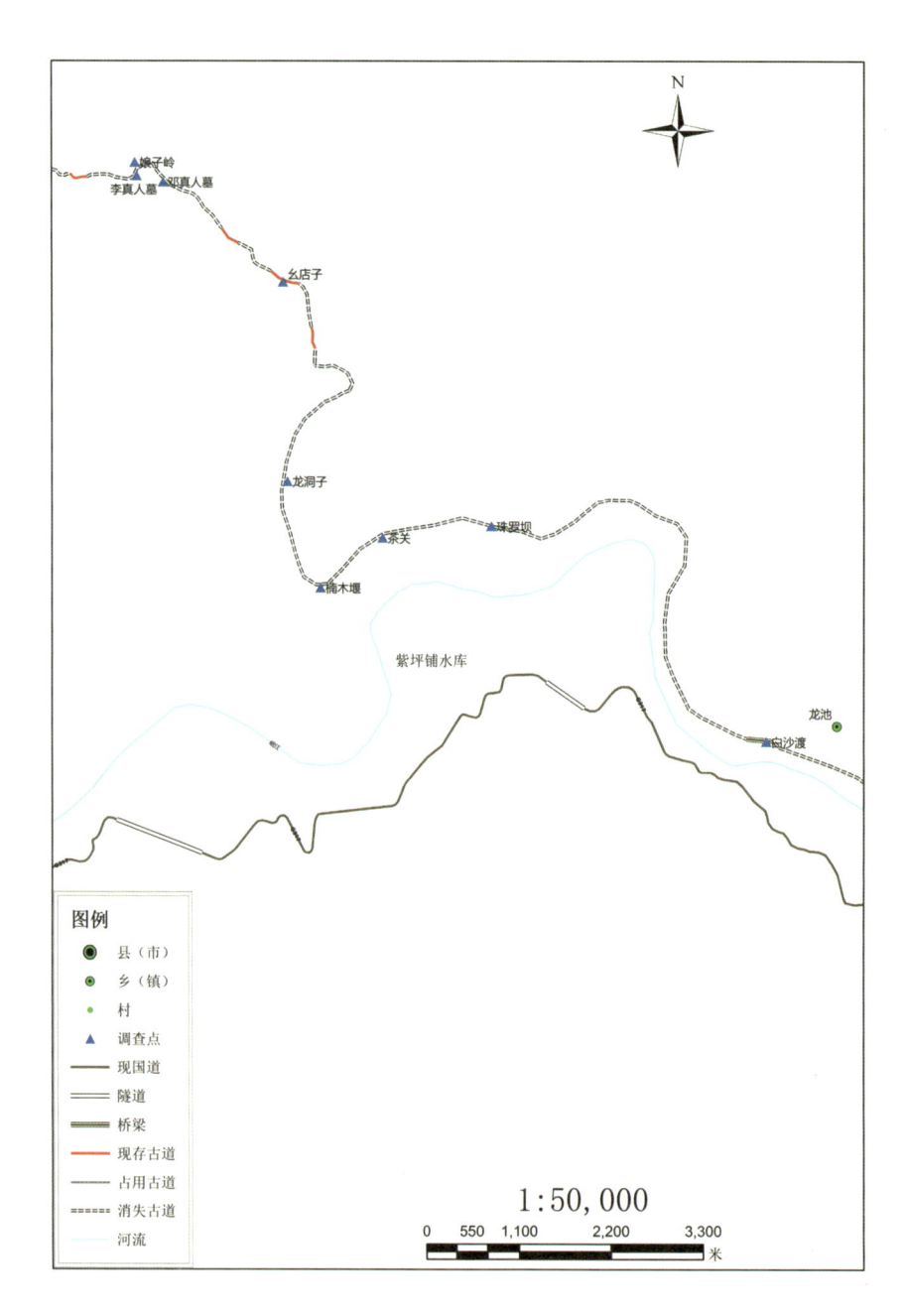

茶马古道都江堰至汶川段调查线路局部示意图（二）

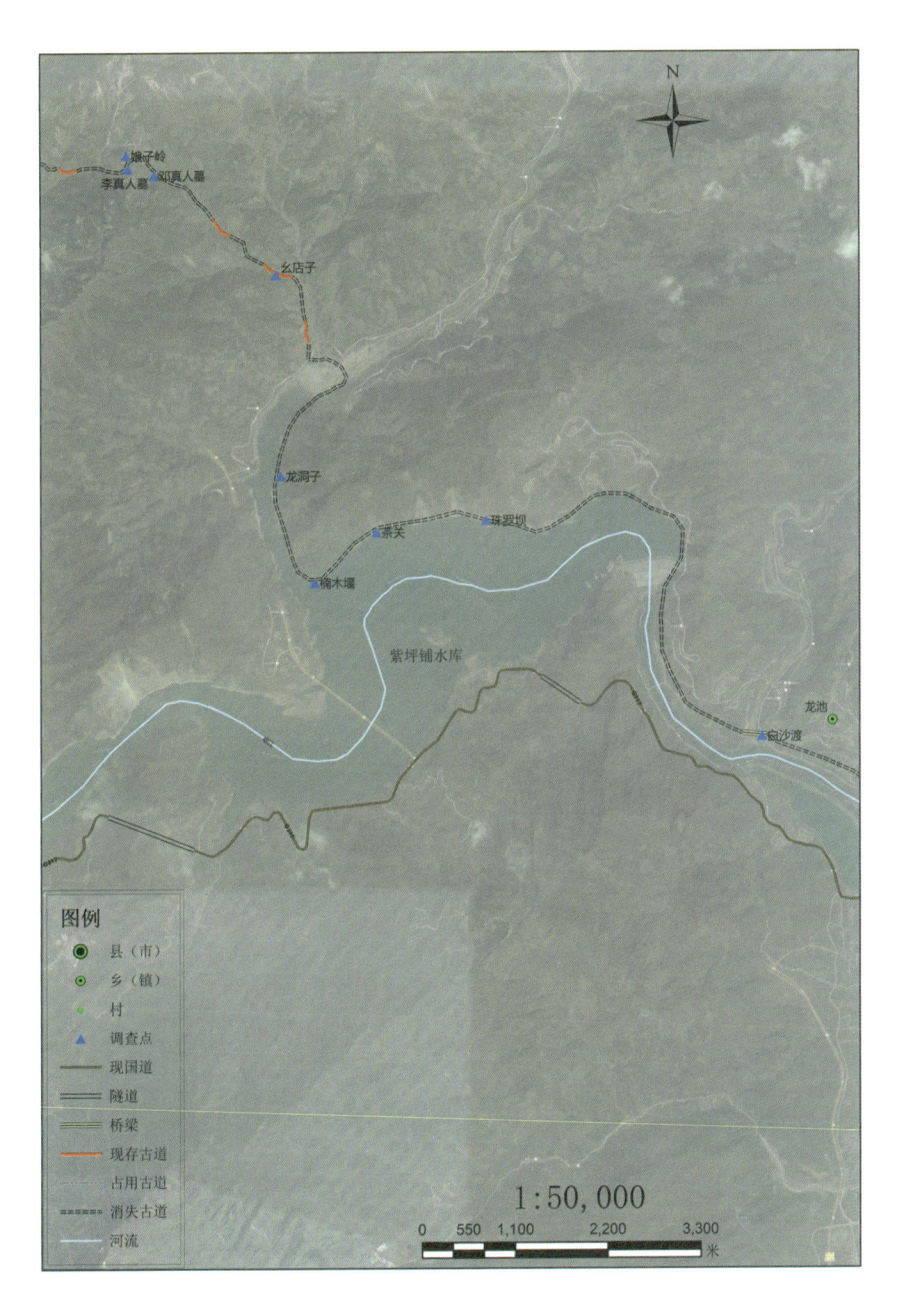

茶马古道都江堰至汶川段调查线路局部地形图（二）

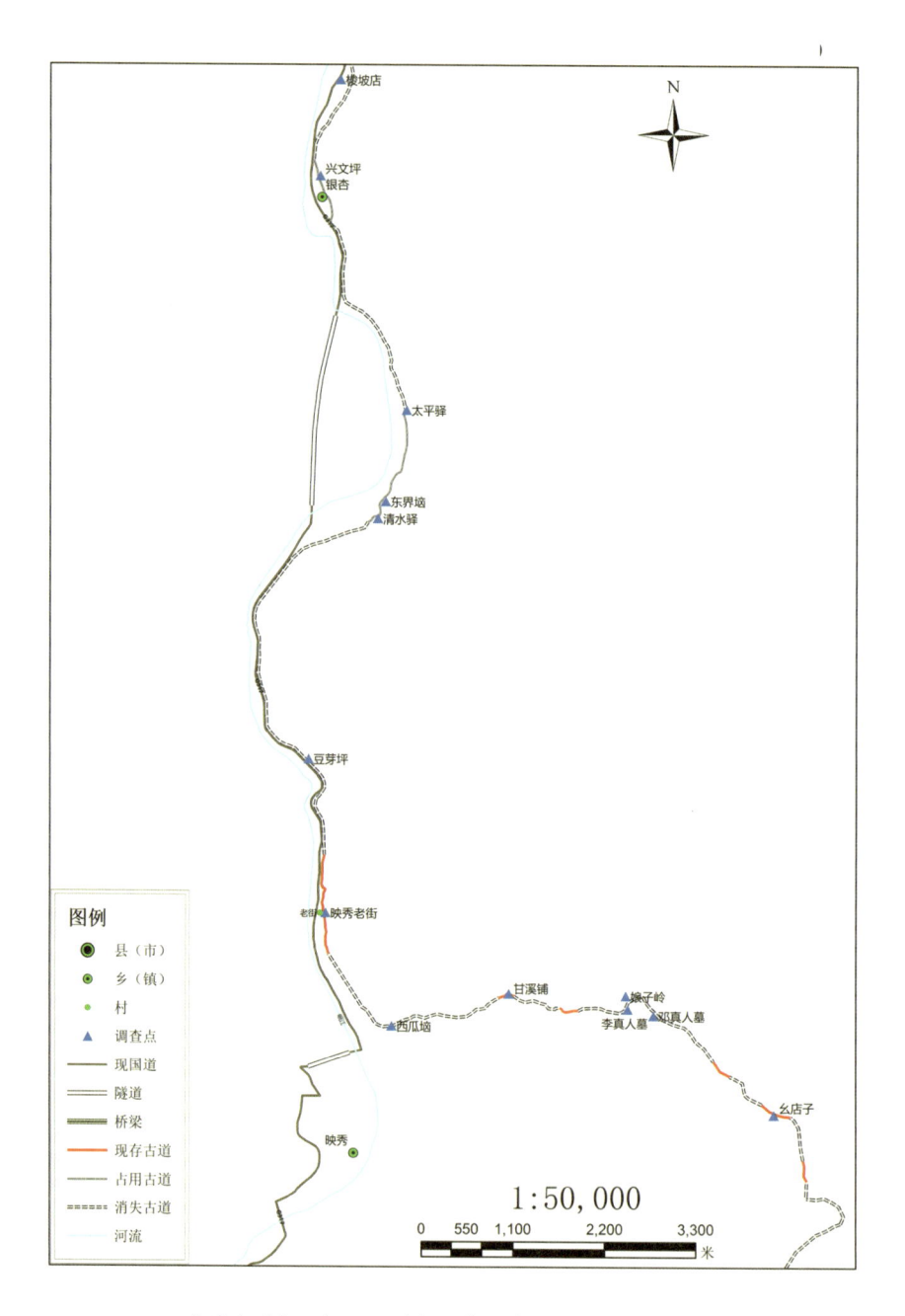

茶马古道都江堰至汶川段调查线路局部示意图（三）

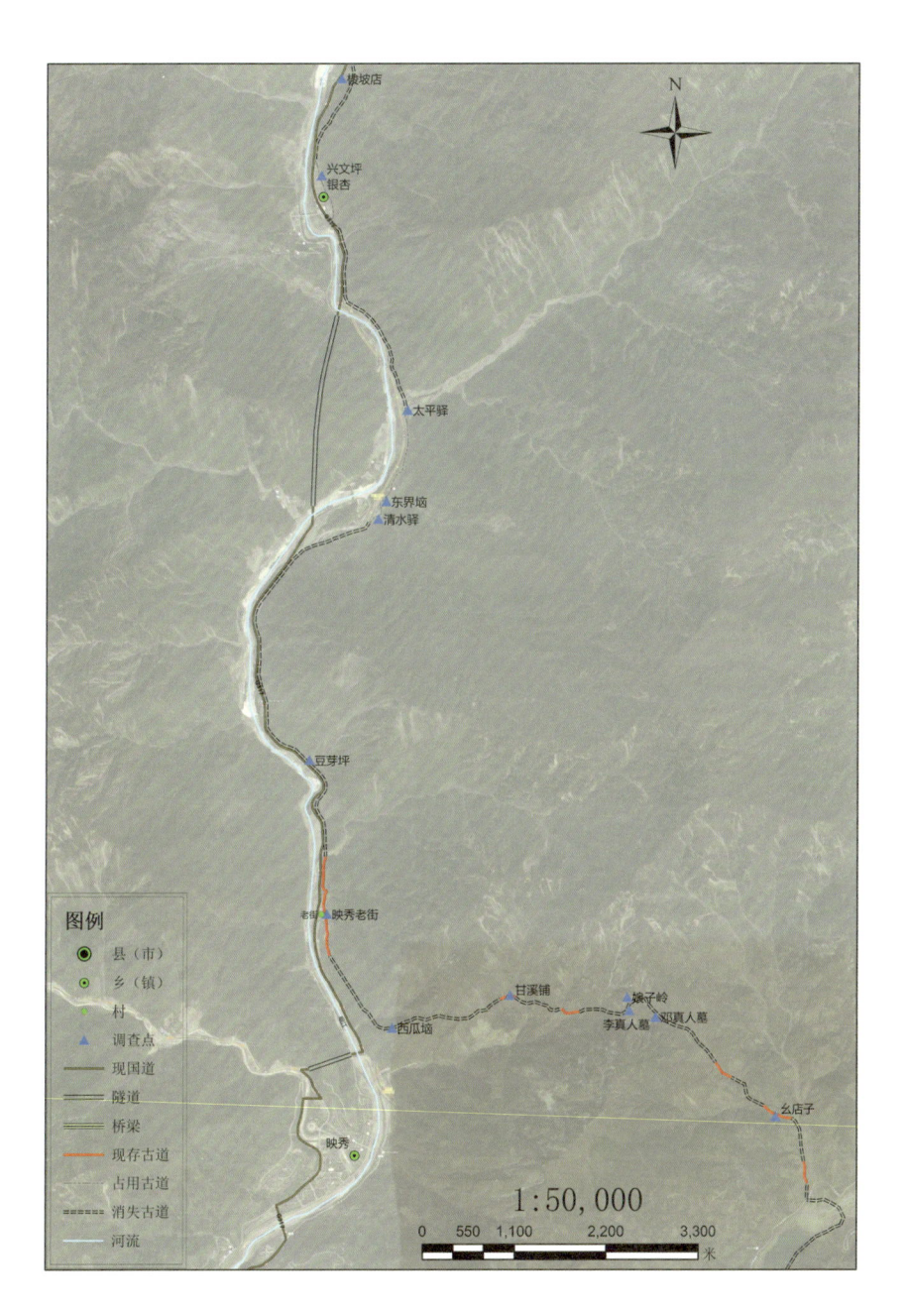

茶马古道都江堰至汶川段调查线路局部地形图（三）

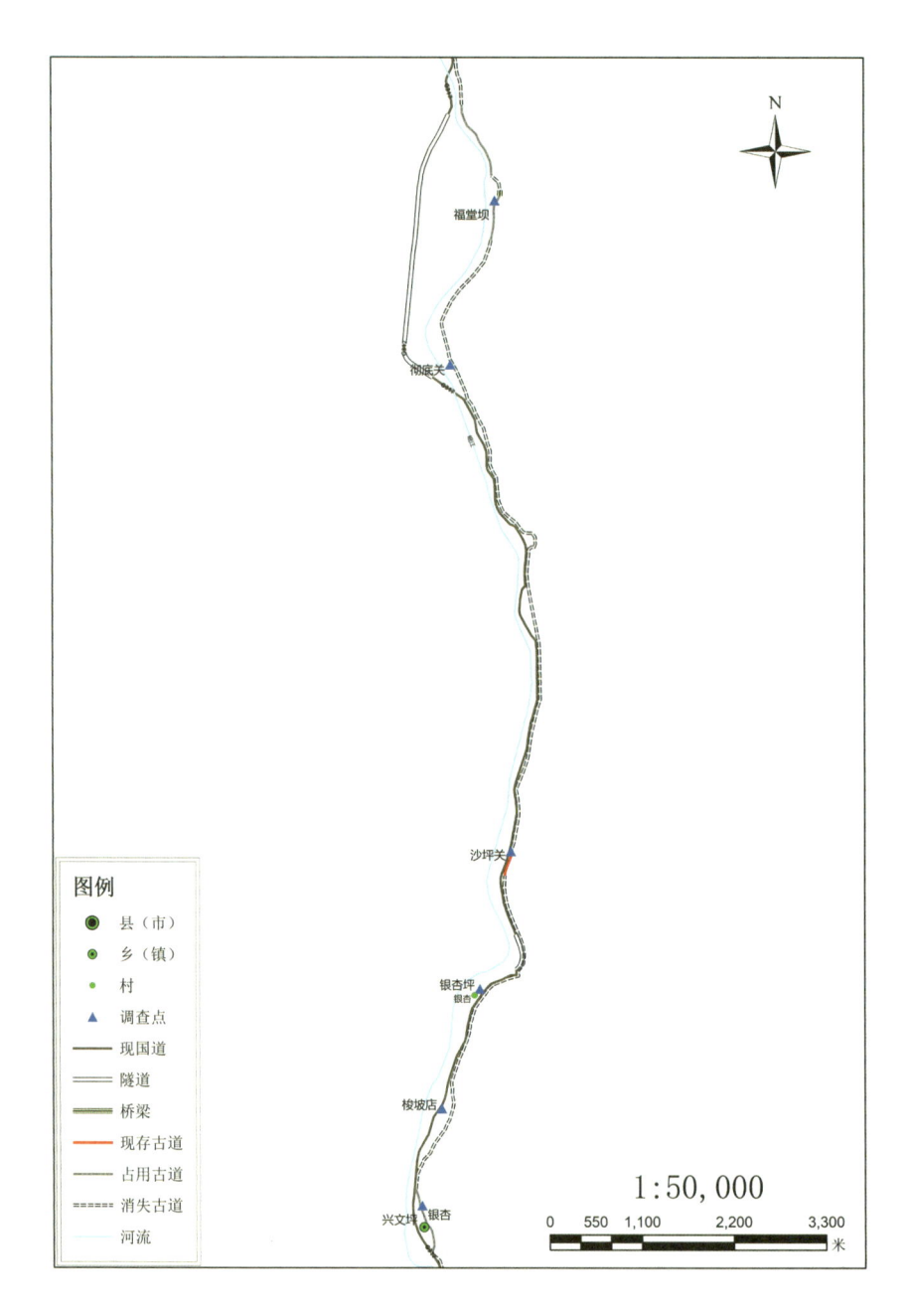

茶马古道都江堰至汶川段调查线路局部示意图（四）

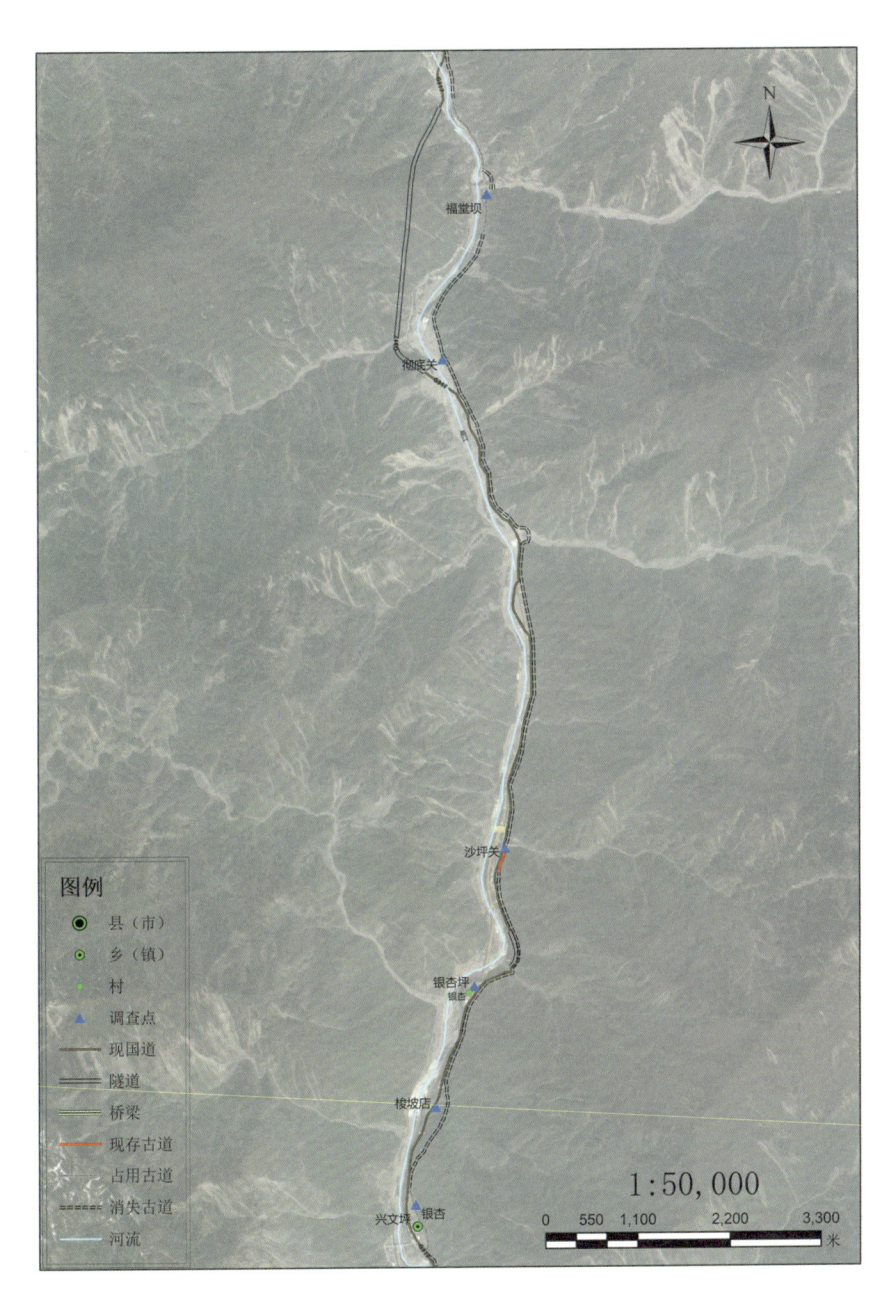

茶马古道都江堰至汶川段调查线路局部地形图（四）

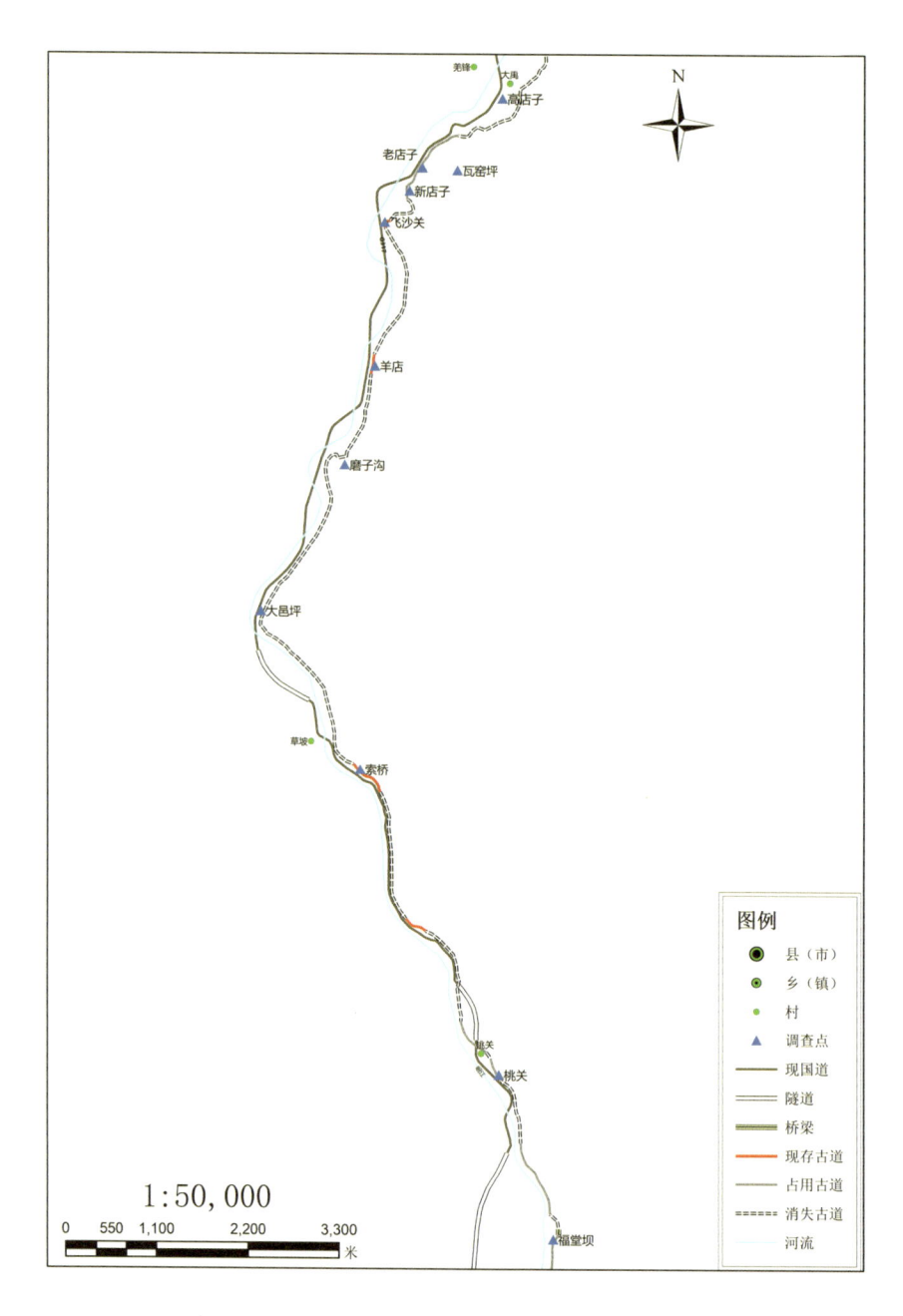

茶马古道都江堰至汶川段调查线路局部示意图（五）

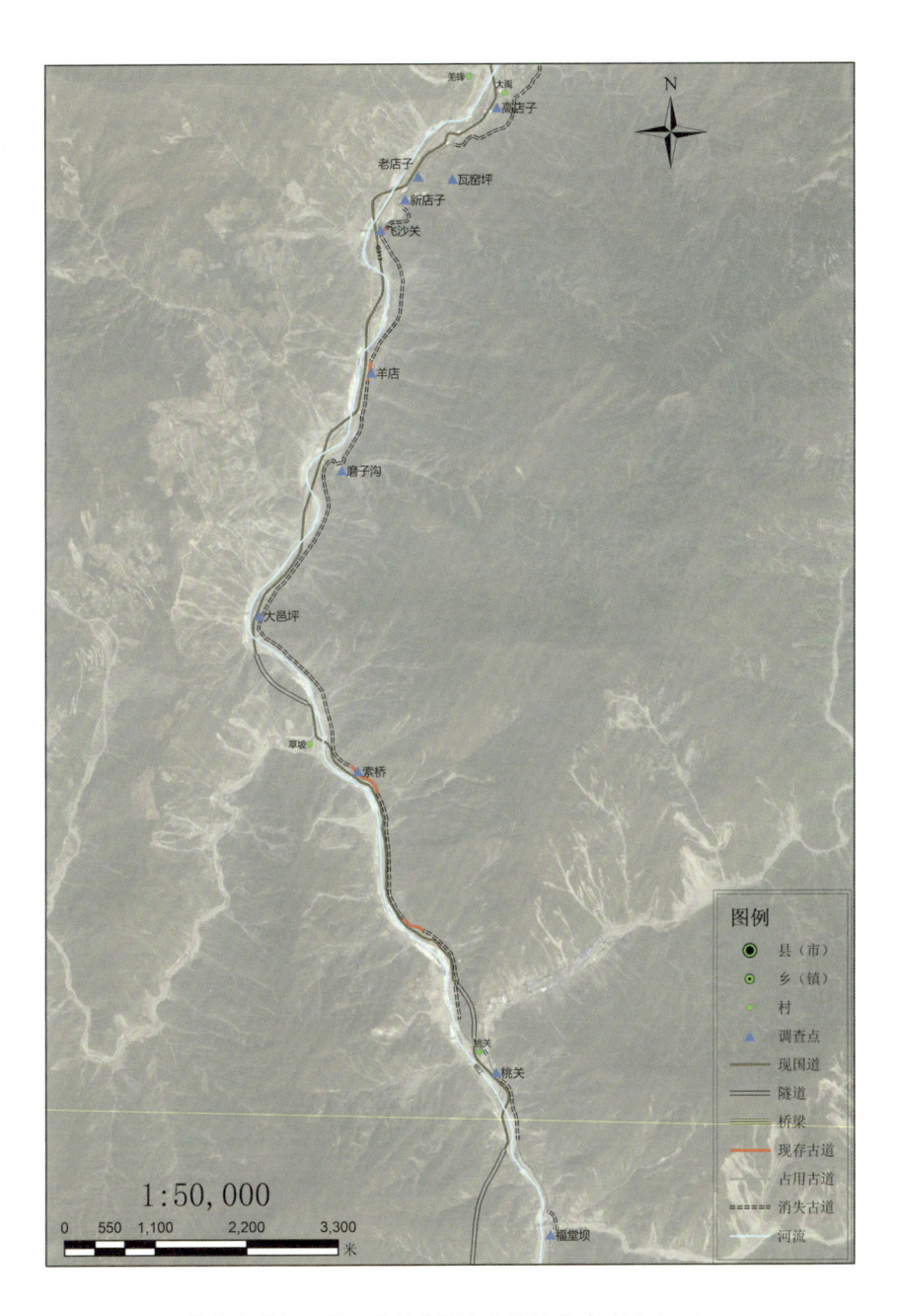

茶马古道都江堰至汶川段调查线路局部地形图（五）

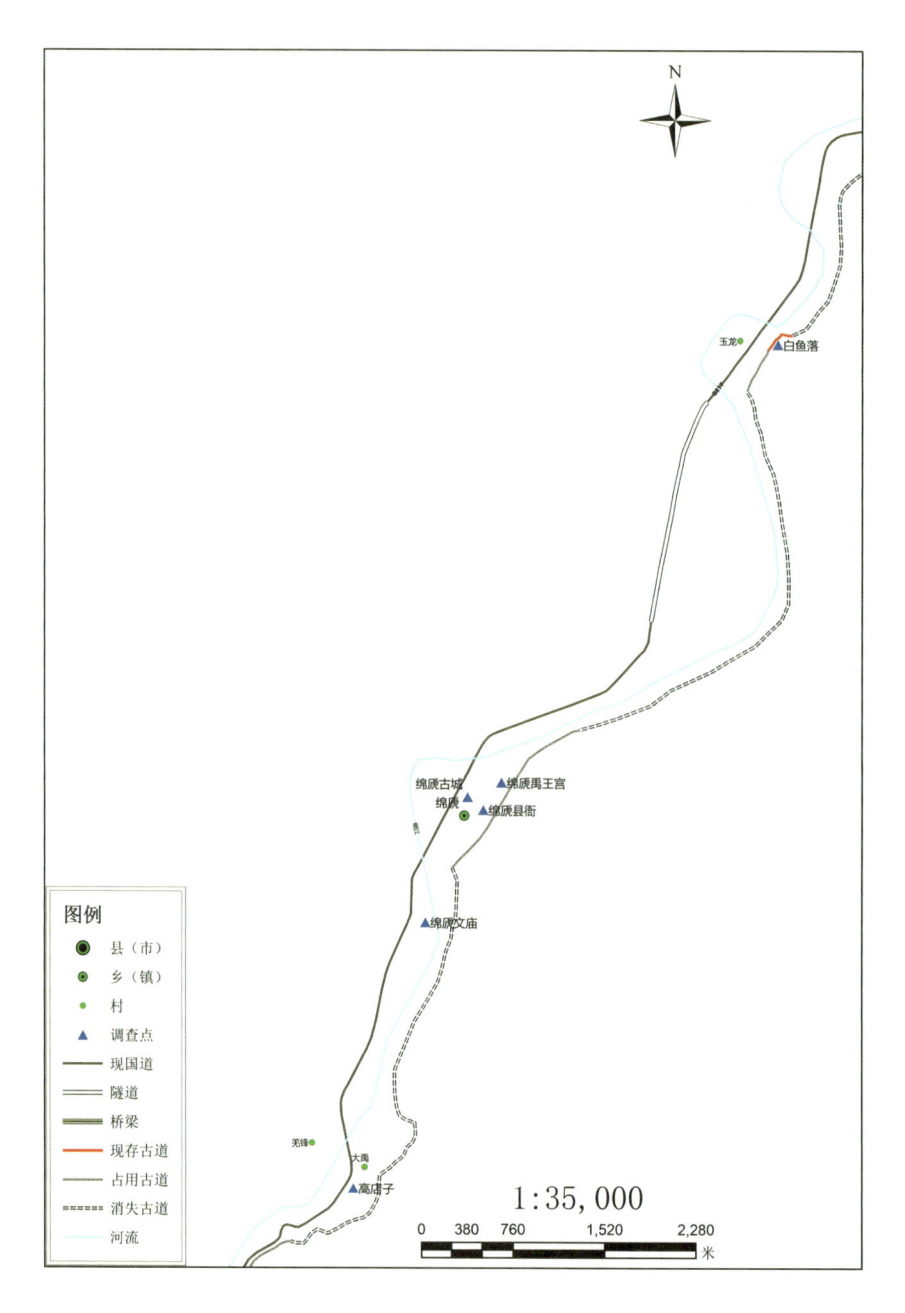

茶马古道都江堰至汶川段调查线路局部示意图（六）

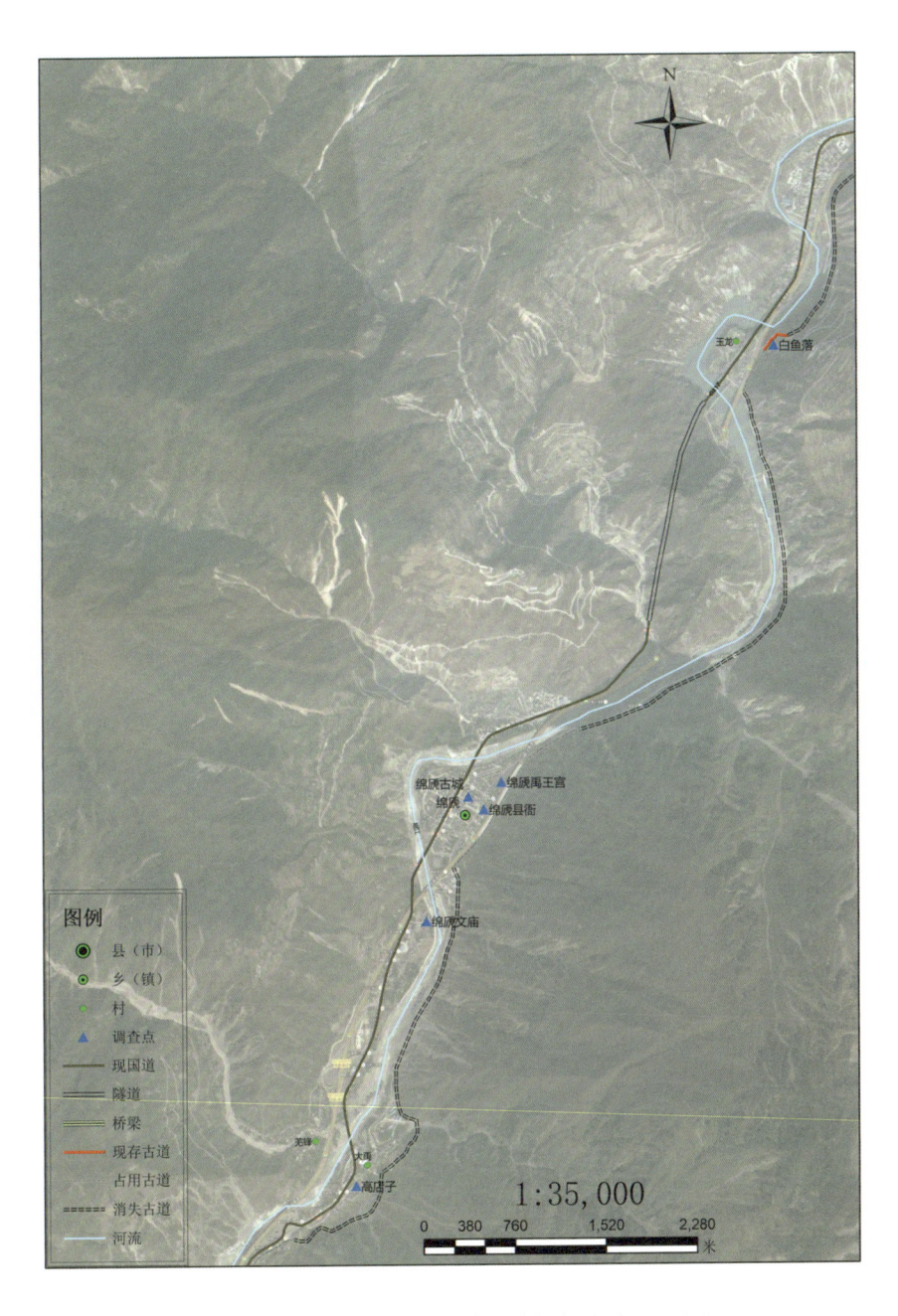

茶马古道都江堰至汶川段调查线路局部地形图（六）

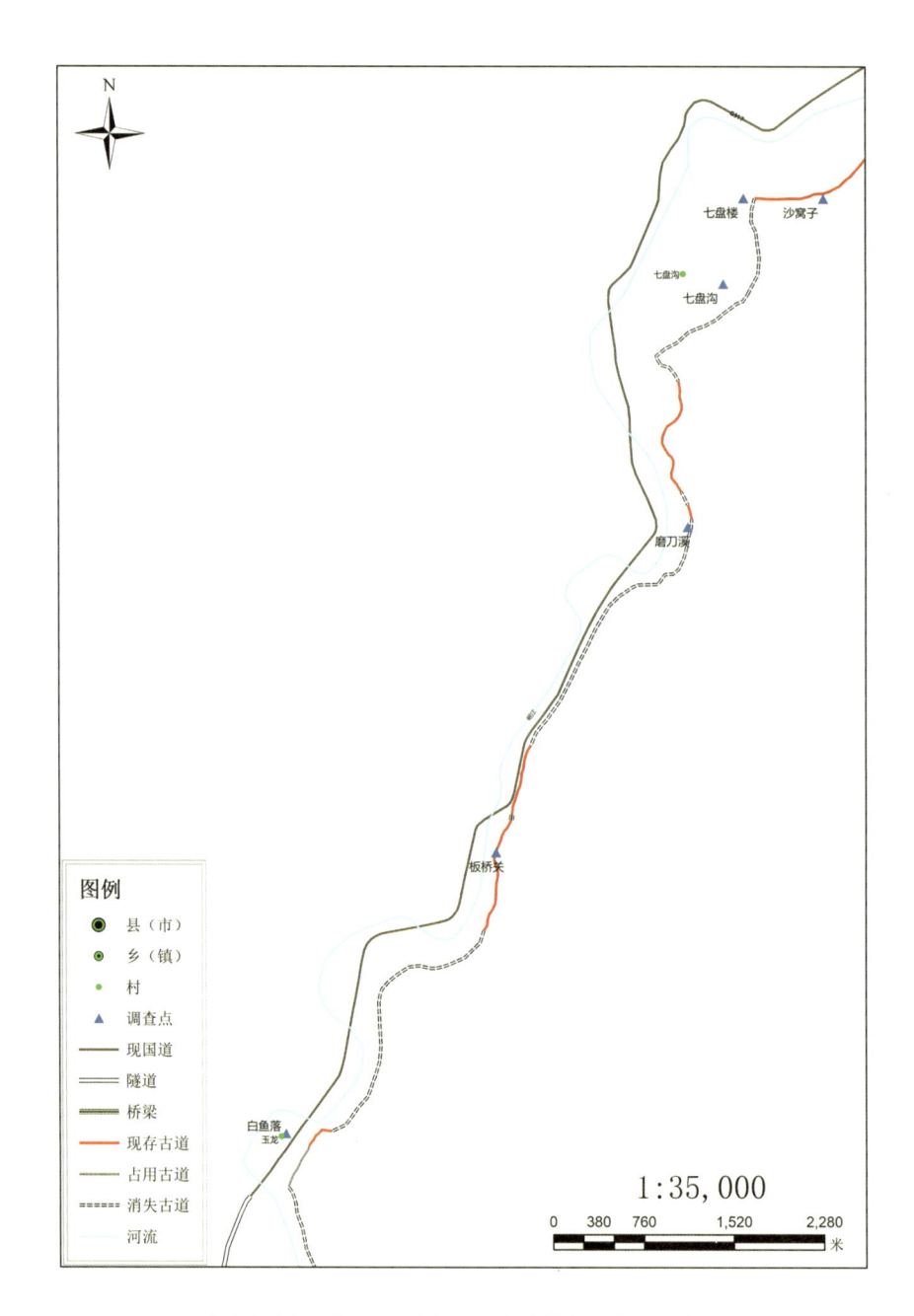

茶马古道都江堰至汶川段调查线路局部示意图（七）

茶马古道都江堰至汶川段调查线路局部地形图（七）

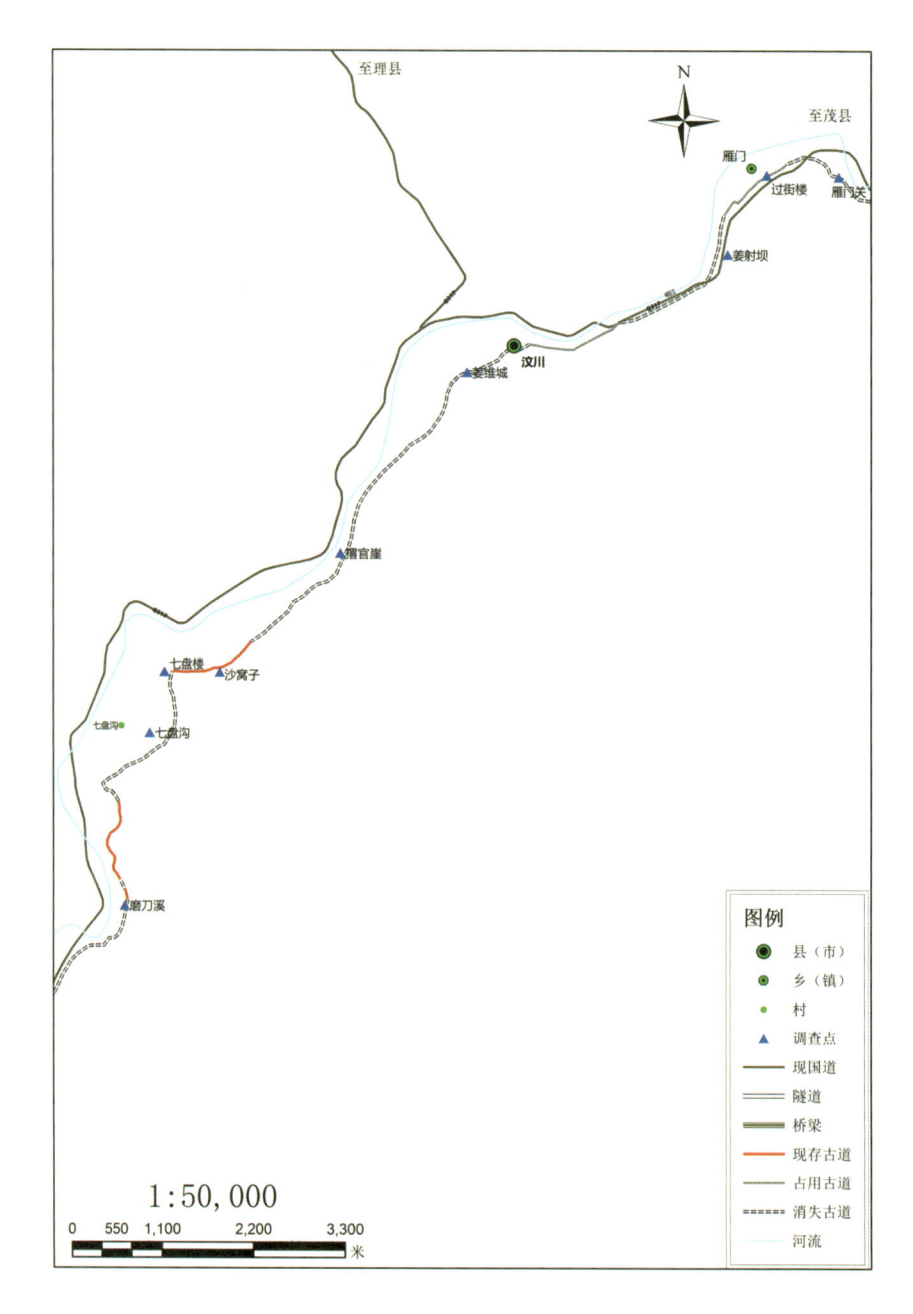

茶马古道都江堰至汶川段调查线路局部示意图（八）

茶马古道都江堰至汶川段调查线路局部地形图（八）

03

调查成果

（上篇：都江堰段）

西街

  西街，又称西正街。茶马古道松茂道的起点。东西走向，相对高差22米，铺机制石板路，长389米、宽3.3米，近山脚处呈三段阶梯式抬升。东与南街相交（十字路口GPS坐标：N 31°00′0.4″，E 103°36′51.27″；海拔729.5米），西接玉垒山西关口。道路两侧川西北民居建筑林立，错落有致。这些建筑原多为二层结构，底层商铺、上层生活，汶川大地震后有所改建。西街在新中国成立前为碎石铺路，宽约2米。在20世纪50年代和汶川大地震后两次拓宽至如今规模。1966年曾改名"团结路"，今复名"西街"。

  西街与南街交汇处残存明城墙一段（城墙上GPS坐标：N 31°00′0.6″，E 103°36′49.47″；海拔735.5米），抗战期间，为便于疏散人群，先后拆除多处城墙，新开了"新东门""新南门""新北门"。"5·12"汶川大地震后修复西街段明城墙。城墙现长约237米，最宽处约8.5米，高约5米。券顶式城门，门洞墙厚1.2米，券顶高3.23米，洞宽2.37米。门楣原有石碑一通，题"导江门"三字。碑刻现存于奎光塔文物管理所。原城门上有名为"月清楼"的望楼，现已消失；原城墙入口处枣树旁是一家名为"大兴"的骡马店，店内有代梢[1]，能提供租赁骡马、雇佣脚夫（背夫）[2]等服务，现已被改建成几间小型店铺。旧时西街片区因是茶马古道的起点而成为灌县（现都江堰市）最繁华区域，现在的西街、南街整片区域是都江堰市著名的旅游景区。

---

[1] 代梢，又称揽头，指负责货物托运的中间人。通常货主交运的货物都由揽头负责到底，即从找背夫开始至将货物送达目的地，再将回单交给货主。期间，货主一般预付总运费的70%左右给揽头，作为途中花销。

[2] 背夫在长途运送货物过程中，通常使用背架子，俗称"凉风架子"，即用木制背架将货物放置于架上，背负时更加轻便，还便于"息梢"（休息）。息梢分为"大梢"（10分钟以上的休息）和"小梢"（10分钟以下的休息）。一般货物以一百斤为一"背"，茶包等以条为计算单位，珍贵药材等以六十斤为一"背"，生活用品等则称为"浮梢"。除大宗货物由骡马帮运输外，其余均由背夫运输。

相关记载

民国十八年始，分期修马路，街名有变更，有增益。第一期为太平、东正、南正、朱紫四街。其宽度，街心一丈八尺，人行道四尺。第二期为井福、文庙、县署、瑞莲、书院、大北六街（瑞莲即前武圣街）。其宽度，街心一丈二尺，人行道三尺。大观、西正二街，街心一丈，人行道三尺……

——［民国］叶大锵修，［民国］罗骏声纂：《灌县志》卷二《营缮书》，民国二十二年铅印本。

现状照

西街现状

古道寻珍——茶马古道在阿坝（都江堰至汶川）

西关入口　　　　　　　　　　　　西街、南街交汇处（起点）

局部特写

修复后城墙现状（一）　　　　　　修复后城墙现状（二）

相关地图

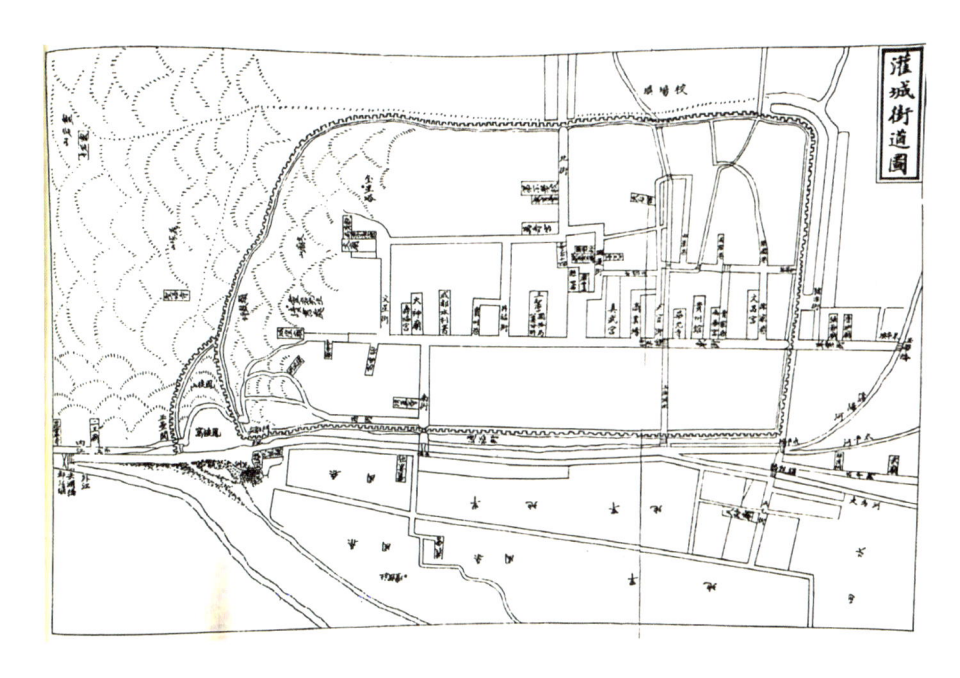

民国灌县街道图（扫描）

——［民国］叶大锵修，［民国］罗骏声纂：《灌县志》卷二《营缮书》，民国二十二年铅印本。

太平池

太平池，即消防池，位于今西街自西向东约 100 米处（GPS 坐标：N 31°00′2.4″，E 103°36′44.24″；海拔 734.6 米）。太平池，石砌挡墙，宽 3.2 米、长 4.5 米、深约 4 米。清末，西街两旁皆为木结构房屋，加之玉器等手工作坊的兴盛，存在较大的火灾隐患，县政府遂在此设水池贮水，以备不时之需。1913 年，灌县成立消防队，此水池又成为消防水车取水之地。县衙为保平安无事，将该池取名"太平池"。

现状照

太平池全貌

太平池局部特写

清真寺

南街清真寺

南街清真寺位于今南桥社区南街（门前GPS坐标：N 31°00′2.39″，E 103°36′51.26″；海拔730.9米）。建筑群延续清代以来的布局，主体建筑多经过改建或重建。现为都江堰市穆斯林信众举行庆典和宗教活动的主要场所之一，是都江堰市文物保护单位。

懋功寺

懋功寺又名清真宝瓶寺，位于南桥社区宝瓶巷24号（院内GPS坐标：N 31°00′0.63″，E 103°36′45.75″；海拔732.3米）。建于1925年，系小金县（原懋功县）伊斯兰教信徒为发展经济、扩大商贸置地而建的寺庙。现为四川省文物保护单位。

清真西寺

清真西寺原位于西街陕西巷，现已消失（原建筑遗址GPS坐标：N 31°00′4.1″，E 103°36′43.55″；海拔731.7米）。存世的一块木匾现悬挂在南街清真寺内，题"清真古寺"四字。据民国《灌县志》记载，原灌县城内有四座清真寺：清真西寺、龙溪清真寺、南街清真寺、宝瓶清真寺（懋功寺）。前两寺现已消失无存。

相关记载

　　清真寺位于城区南街，建于明末。占地面积1445平方米，建筑面积1064平方米。由寺门、大殿、经坛等建筑组成。寺门为青砖券拱结构，门上方竖排绿色大字"清真寺"。大殿为穿斗式木结构、琉璃瓦屋面，面阔3间12.7米，进深4间21.4米，高9.5米，四周房檐为斗形，风格独特。按传统建制，设有壁龛，表示礼拜朝向，正中是礼拜殿。大殿中间起一藻井，上为三重檐六角攒尖顶叠楼式建筑，称"望月楼"，楼上置大梆1个，又称"梆楼"。厢房为穿斗式梁架，悬山顶小青瓦屋面。殿后为经坛，长8.8米，宽5.5米。寺内现存文物有：明代雕花门窗，清雍正年间果亲王手书"世守良规"，乾隆年间纳世俊书"教隆真一""万有宗源"，咸丰年间"原有独尊"，同治年间"清真古寺"以及马维祺书写的"无为而成"等匾额。

——都江堰市文物局编著：《都江堰市文物志》，
四川科学技术出版社，2019年，第59页。

　　懋功寺又名清真宝瓶寺，位于南桥社区宝瓶巷24号。建于1925年，系小金县（原懋功县）伊斯兰教信徒为发展经济、扩大商贸置地而建的寺庙。建筑群占地面积2345平方米，建筑面积931平方米。建筑坐西向东，北依城墙、南临内江。主要单栋建筑依宗教用途布置，沿山门向西，依次是左右厢房、礼拜殿，山门北侧为厨房、南侧为浴室。主要建筑结构为穿斗式木构架、歇山顶，均有宽敞的柱廊，外墙具有中亚建筑风格，外观有中西合璧特点。礼拜殿面阔3间15米，进深3间12.2米。两侧厢房面阔2间11.7米，进深4.5米。2012年7月，四川省人民政府公布懋功寺为第八批四川省文物保护单位。

——都江堰市文物局编著：《都江堰市文物志》，
四川科学技术出版社，2019年，第57页。

现状照

南街清真寺山门

南街清真寺内门

清真西寺原址

懋功寺内景

懋功寺大门

调查成果 （上篇：都江堰段）

35

三皇会碑记

　　三皇会碑记，位于今西关巷西街小院内（碑前 GPS 坐标：N31°00′0.7″，E103°36′41.23″；海拔 743.8 米）。小院含 5 号和 6 号两户。其中 6 号为民国建筑，主体建筑因户主搬迁，现大部分垮塌，残存门楣等，保存情况极差。5 号已改为现代建筑，门前存石碑一通，题"三皇会碑记"，残碑现高 1.45 米、宽 0.73 米、厚 0.1 米。石碑常年作户主洗漱台之用，仅零星文字可辨，内容不详，落款民国三年（1914）。据介绍，此碑在原药王庙遗址内被发现，并搬迁至此。

现状照

石碑全貌

①局部特写(头)
②局部特写(腰)
③局部特写(尾)

调查成果 ■（上篇：都江堰段）

西关古道

西关古道，指西关口（西街西端）至西关之间现存的部分古道。梯步现长74米、宽1.5～2米，入口与西关相对高差约20米。古道与现旅游步道部分相交（入口处GPS坐标：N 31°00′9.48″，E 103°36′39.41″；海拔763.3米）。新中国成立前，古道分东（左）、西（右）两条道路。东侧道路坡度大、路较窄、距离近，即今保留的道路；西侧道路坡度小、路面宽、两折线，部分路面保留石板，是旧时骡马帮及背夫们的第一选择，现已荒废，杂草丛生。

现状照

西关东侧古道现状

西关西侧古道现状

西关

　　西关，即宣威门。城门坐东南向西北（城墙南侧门洞 GPS 坐标：N 31°00′8.06″，E 103°36′38.72″；海拔 758.2 米），高 8.4 米（雉堞高 1.5 米）；门洞为石作素面券拱，门洞宽 5.05 米（背面 5.62 米），进深 11.1 米、高 4.75 米（背面 5.42 米）；城垛宽 0.8 米、高 0.57 米、厚 0.4 米，垛洞宽 0.21 米、高 0.24 米。城楼名"怀远楼"，为木结构重檐歇山顶，抬梁式建筑，通高 10.5 米，面阔三间 7 米，进深二间 4.1 米。底层有回廊，宽 2.7 米。明弘治年间（1488—1505）将宋代木门改筑为石砌城门。城墙南起斗犀台、北至都江堰市烈士墓，长约 2 千米，高 4.5～5.2 米。平头式雉堞，宽 0.8 米、高 0.6 米。西关现为四川省文物保护单位。西关至玉垒关有零星古道分布，分为平路及阶梯两类，其中，连续且保存完整的古道，最长约 30 米，宽约 5 米，路面材质与西街一致。

现状照

| 西关城门南侧 | 西关城门北侧 |

城墙结构

远眺西关(南向北)

城楼现状

出关古道现状

调查成果（上篇：都江堰段）

斗犀台

斗犀台，又名"斗鸡台"，位于宣威门南侧，在延伸至岷江的基岩上砌筑而成，平面布局呈不规则三角形，面积约200平方米。原台上南端建凉亭一座，名为"斗犀亭"（斗犀亭前GPS坐标：N 31°00′8.12″，E 103°36′35.75″；海拔738.5米）。现建筑为"5·12"汶川大地震后重建，木结构六角攒尖顶，柱间距3.05米、高约7米。传说蜀郡守李冰修建都江堰时，岷江有一条蛟龙危害百姓，李冰在台上设酒席请蛟龙赴宴，时间已过，蛟龙未来，李冰大怒，化作一头壮牛跳入江中，蛟龙则化作一头犀牛，两牛在水中激烈搏斗。隔了一会儿，李冰回到台上，对众士兵说：两牛相斗，其中腰缠绶带的就是我，你们要用箭射杀无绶带的犀牛。说罢又跳入江中，在搏斗中，台上士兵万箭齐发，把为非作歹的犀牛射杀于江中，故取名"斗犀台"。

相关记载

辛未。登城西门楼。其下岷江。江自山中出，至此始盛壮。对江即岷山。岷山之最近者，曰青城山。其尤大者，曰大面山。大面山之后，皆西戎山矣。西门名玉垒关。自门少转，登浮云亭，李蘩清叔守郡时所作。取杜子美诗"玉垒浮云变古今"之句，登临雄胜。

——［宋］范成大：《吴船录》上卷，见《范成大笔记六种》，中华书局，2002年，第188页。

斗犀台　位于古县城西门（宣威门）南隅，其名沿于民间传说。据《水经注·江水》引《风俗通》载："秦昭王使李冰为蜀守，开成都县两江，溉田万顷。神须取女二人以为妇，冰自以女与神为婚。径至祠，劝神酒，酒杯恒澹澹。冰厉声责之，因忽不见。良久，有两苍牛斗于江岸。有间辄还，流汗谓官属曰：吾斗疲亟，不当相助矣？南向腰中正白者，我绶也。主簿刺杀北面者，江神遂死。蜀人慕其气决，凡壮健者，因名冰儿也。"台据以上传说得名。

——都江堰市文物局编著：《都江堰市文物志》，
四川科学技术出版社，2019年，第17页。

现状照

斗犀台全景（南向北）　　　　　　　　　　斗犀亭

玉垒关

玉垒关，亦称七盘关、镇夷关，位于西关向北约370米处（关门外GPS坐标：N 31°00′15.19″，E 103°36′34.29″；海拔751.6米），是《松游小唱》中"三垴九坪十八关"的第一关。关隘建于临岷江的虎头崖上，北偏西30°，石砌而成，占地面积约660平方米。券顶式城门洞，进深7.7米、宽3.6米、高3.6米；门扇侧空间进深2.01米、宽4米、高4.95米。北侧门洞眉心嵌仿匾额式雕砖，题"川西锁钥"四字。两侧各有石刻楹联一副，现剥蚀严重，题"数千寻波翻浪涌，淘尽英雄，世事易推移，问谁作砥柱中流，不放大江东去；亿万家棋布星罗，排成图画，此邦真富庶，愧我乏治安上策，敢云吾道南来"。南侧门洞眉心嵌仿匾额式雕砖，题"玉垒关"三字；两侧各有石刻楹联一副，部分文字剥蚀严重，题"玉垒峙雄关，山色平分江左右；金川流远派，水光清绕岸东西"。城门上建歇山顶式城楼，高约4.5米。自玉垒关出关后，便算正式踏上了北上松潘之路。

相关记载

玉垒关在治西一里虎头山。唐大中十年，白敏中帅蜀日建，关旁有陈可度颂功德碑。《方舆纪要》云："关在玉垒山下，乃番夷往来之冲，亦曰七盘，清乾隆改为镇夷，今仍名玉垒。"

——［民国］叶大锵修，［民国］罗骏声纂：《灌县志》卷二《营缮书》，民国二十二年铅印本。

凤栖窝上缘着大路，路的西端便是镇夷关，一名玉垒关，临江矗立，高踞巉岩，恰与西门城楼对峙。……坡下为河街，二郎庙即在此。

——［民国］王天元著：《近西游副记》，南京提拔书店，1935年，第146页。

镇夷关高踞虎头，第一程江山雄构，大江滚滚向东流。恶滩声，从此叨。灵岩在前，圣塔在后，伏龙在左，栖凤在右，二王宫阙望中浮。好林峦，蔚然深秀，看不尽山外青山楼外楼。尽夷犹，故乡风景谁消受。

——张宗品主编：《松游小唱绘图本》，四川美术出版社，2004年，第5页。

故址位于灌县（今都江堰）县城西1里处的玉垒山下，是藏羌少数民族进入成都平原的重要关隘，都江堰西部门户。

——阿坝师范学院编撰委员会编写：《青藏高原环境与山水文化·汶川卷》（一审稿），2017年，第138页。

玉垒关，位于城西玉垒山虎头崖上。唐贞观初年为防止吐蕃入侵而建。大中十年（公元856年），镇静军守将白敏中帅蜀时主持重建。现存建筑为明代所建，面积660平方米。关楼为近代重建，抬梁式木构架，歇山顶出飞檐，下层由条石构筑。关门刻有刘映奎撰书楹联："玉垒峙雄关，山色平分江左右；金川流远派，水光清绕岸东西。"这里危崖壁立，下临岷江，地势十分险要，松茂古道由此一将当关之处通过，素有"川西锁钥"之称。

——都江堰市文物局编著：《都江堰市文物志》，四川科学技术出版社，2019年，第63页。

现状照

城门全景（南向北）

城门全景（北向南）

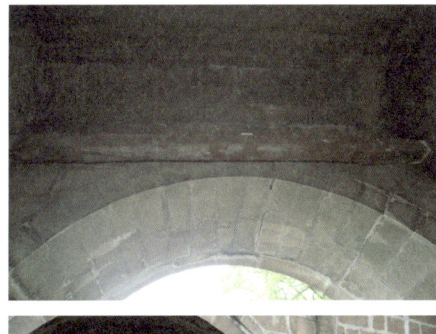

城墙结构

南侧题刻

北侧楹联及题刻

调查成果（上篇：都江堰段）

47

玉垒关古道

玉垒关古道，指玉垒关至二王庙古道。道路中部保留两段较完整的石阶梯，一段27阶、一段26阶。另有几处古道零星分布，宽4～4.5米。临崖侧多以条石作边，条石为青石及花岗岩两类，平均长1.28米、宽0.35米、厚0.12米；个别靠山岩体有人工凿痕。玉垒关北45米处临崖侧有一块经人工修整的岩石，长1.5米、宽1米，其上有碗状杵窝[1]，深0.13米（柱窝前GPS：N 31°00′20.34″，E 103°36′35.76″；海拔772.3米）。根据形状及大小，结合都江堰市文物局同志介绍，我们判断此杵窝是背夫们利用"拐把子"[2]倚靠休息时的支点。距杵窝不远处有现代简易支架，挂"松茂古道"四字路牌，旧时曾立牌坊，现已消失，两侧可见牌坊基址。

相关记载

由西门出玉垒关，直上十里为白沙镇，过白沙河索桥又十里为猪脑坝，交汶川县界，上至威茂松潘，俗称大路。

——［民国］叶大锵修，［民国］罗骏声纂：《灌县志》卷二《营缮书》，民国二十二年铅印本。

---

[1] 杵窝，指沿途在基岩或岩石上人工凿刻出直径5～10厘米，具有一定深度的小洞，方便背夫们用拐把子（木杵）支撑进行"小稍"。
[2] 拐把子，又称木杵，指用较为坚硬的木材加工成长80～100厘米，直径约3厘米，呈"T"字型的木杖，行走时作手杖，休息时支撑于背子后。

现状照

原古道石阶

原牌坊遗迹

调查成果 （上篇：都江堰段）

古道寻珍——茶马古道在阿坝（都江堰至汶川）

拐把子杵窝

疑似歇气台

牌坊现状

都江堰禹王宫

都江堰禹王宫，位于松茂古道路牌向西约100米处（大殿门前GPS坐标：N 31°00′22.22″，E 103°36′35.34″；海拔770.4米）。现为民国时期建筑，历经多次维修。四合院布局，坐东北向西南。大殿重檐歇山顶、穿斗式结构，面阔5间20米，进深3间9.8米，高约7米。现归私人所有。

相关记载

禹王宫位于二王庙东300米处的松茂古道旁，为祭祀大禹导江治水的祠庙。前临内江、背负玉垒山。始建不详，清咸丰年间重建。占地面积1409平方米，建筑面积479.2平方米。四合院布局，坐东北向西南。建筑形式为穿斗式木梁架、重檐歇山顶、小青瓦屋面。大殿面阔5间20米，进深3间9.8米，高6.86米。左厢房面阔3间13.35米、进深2间5.8米，右厢房面阔2间8.75米，进深1间2.55米。钟楼面阔1间4.25米，进深3间6米，高2层7.75米。

——都江堰市文物局编著：《都江堰市文物志》，四川科学技术出版社，2019年，第60页。

现状照

大门全景

西瞻堂

西瞻堂，又称凉亭子、张飞亭和西瞻亭，在禹王宫北约30米临崖侧，今存遗址（遗址平台GPS坐标：N 31°00′22.45″，E 103°36′33.74″；海拔757.3米）。遗址占地面积35.25平方米，外柱础直径0.24米、内柱础直径0.3米，面阔7.05米、进深5米。新中国成立前，西瞻堂为过街楼形制，上下层，歇山式顶，两滴水。20世纪70年代垮塌，"5·12"汶川大地震后复建，后拆除。据《灌县志》载，三国时期张飞前往白沙找马超时曾在此休息，故称张飞亭。

相关记载

西瞻堂，在治西门之南，下临江水，西见青城雪山。

——［民国］叶大锵修，［民国］罗骏声纂：《灌县志》卷一《舆地书》，民国二十二年铅印本。

相关诗文

西瞻堂

南宋·程公许

子长爱奇临八荒，岷雪千仞琼珮锵，
太守德厚民不忘，倚公笔椽辉耿光。
西瞻大书揭高堂，倚栏起我意激昂。
镂冰刻楮非文章，男子可不志四方。

——［南宋］程公许：《沧浪尘缶编》卷六，文渊阁四库全书本。

现状照

| 西瞻堂原址 | 柱础现状 |

古道寻珍——茶马古道在阿坝（都江堰至汶川）

汶川地震复建后的西瞻堂（现已拆除）

西瞻堂局部环境特写

《治水记》碑

《治水记》碑，现位于二王庙东约 150 米崖下（碑前 GPS 坐标：N 31°00′23.41″，E 103°36′32.95″；海拔 757.2 米）。红砂岩材质，高 1.75 米、宽 0.8 米、厚 0.2 米。上段为治水记事碑文，下段刻"深淘滩　低作堰"六个大字。现风化严重、字迹漫漶不清。1978 年 3 月，都江堰市文物管理所将此碑复制，并立于二王庙灵官殿内。明代四川水利按察司佥事卢翊维修都江堰时，发现铁板一块，上有李冰治水时的六字诀，遂令重刻，以示后人，故有此碑。

相关碑文

钦敕提督水利四川按察司佥事

蜀守李公冰凿离堆以利蜀，书是六言，立万世治水者法，所以制水出入，为旱涝计者至矣。其用功缓急疏密之序，意自较然。汉晋以降，率用是法。永嘉间，李公赢深疏之。唐宋相承，世享其利。元始肆力于堰，无复深淘之意，无乃公言不足法欤？假令沙石涌碛，水不得东，则虽镕金连障，高数百尺，牢不可拔，亦何取于堰哉？矧所谓铁龟、铁柱，糜费几千万缗者，曾未几何，辄震荡湮没，茫无可赖。方诸笼石廉省，古今称便者孰得？比来民受其困，宜坐诸此，予窃少之。乃檄有司置镢钁、钜橐，役夫三千，从事滩碛，以导其流，堰则仍民之便而已。顾工多日少，群力告瘁，未能勉其所欲为，究其所当，止如公法云者，耻也。旧刻相传在虎头山斗鸡台，水则立其旁。岁久剥落，索弗获，后之君子将无考焉。因磨石重镌碑则云。

大明正德

现状照

原碑现状　　　　石碑侧的摩崖石刻

二王庙内的新碑（局部）

藏传佛教碑

藏传佛教碑，位于《治水记》碑右侧。红砂岩材质，碑高1.75米、宽1.15米、厚0.16米，年代不详。现中部残断（已拼接修复），表面风化、剥蚀严重，仅局部可辨。采用线刻和浅浮雕，自上而下可辨六列，依次为佛、度母、护法、度母、菩萨及祖师像。可辨释迦牟尼佛、绿度母、六臂大黑天等。主尊释迦牟尼佛位于第一列，高0.46米、宽0.3米，其余造像高度、宽度不一。该碑所刻造像以藏传佛教风格为主，兼融汉传佛教特征。据管委会人员介绍，此碑是后期搬迁至此，原址不详。

现状照

石碑全貌　　　　　大黑天石刻

古道寻珍——茶马古道在阿坝（都江堰至汶川）

① 绿度母
② 石碑全景
③ 局部特写

58

敬修之治水德政坊

敬修之治水德政坊，位于二王庙东200米处（牌坊前GPS坐标：N 31°00′23.91″，E 103°36′32.58″；海拔757.6米）。砖石结构，三重檐歇山顶，坐西北朝东南，面阔3间5.2米、高5.4米。明间上部砖砌功德牌位，下部嵌石碑，砂岩，底部风化严重。碑头线刻双龙游海图、两侧浅浮雕缠枝花纹，中心竖书"修之敬老公祖治水德政"。次间上部作仿木隔扇窗结构，下部中心留白。

相关记载

邑令杨锡澍勤政坊，清光绪二十九年建。水利厅敬修之勤政坊，清光绪三十三年建（均在治西门外）。

——［民国］叶大锵修，［民国］罗骏声纂：《灌县志》卷二《营缮书》，民国二十二年铅印本。

敬修之治水德政坊，位于二王庙东200米的松茂古道旁，清光绪三十三年（公元1907年）地方民众为纪念水利官员敬禧所建。敬禧，字修之，内蒙古乌兰察布盟人，清光绪初任成都水利同知时，"察民无力负重，会祥大府，撤销竹园档"，治水竹料改由官府采购，工料费用由厅、县平摊，百姓感戴，为之修"德政坊"。牌坊为砖结构重檐歇山顶，面阔3间5.2米，通高5.4米，中为三重檐，左右依次为重檐、单檐，正中刻"修之敬老公祖治水德政"。

——都江堰市文物局编著：《都江堰市文物志》，四川科学技术出版社，2019年，第67页。

现状照

局部特写

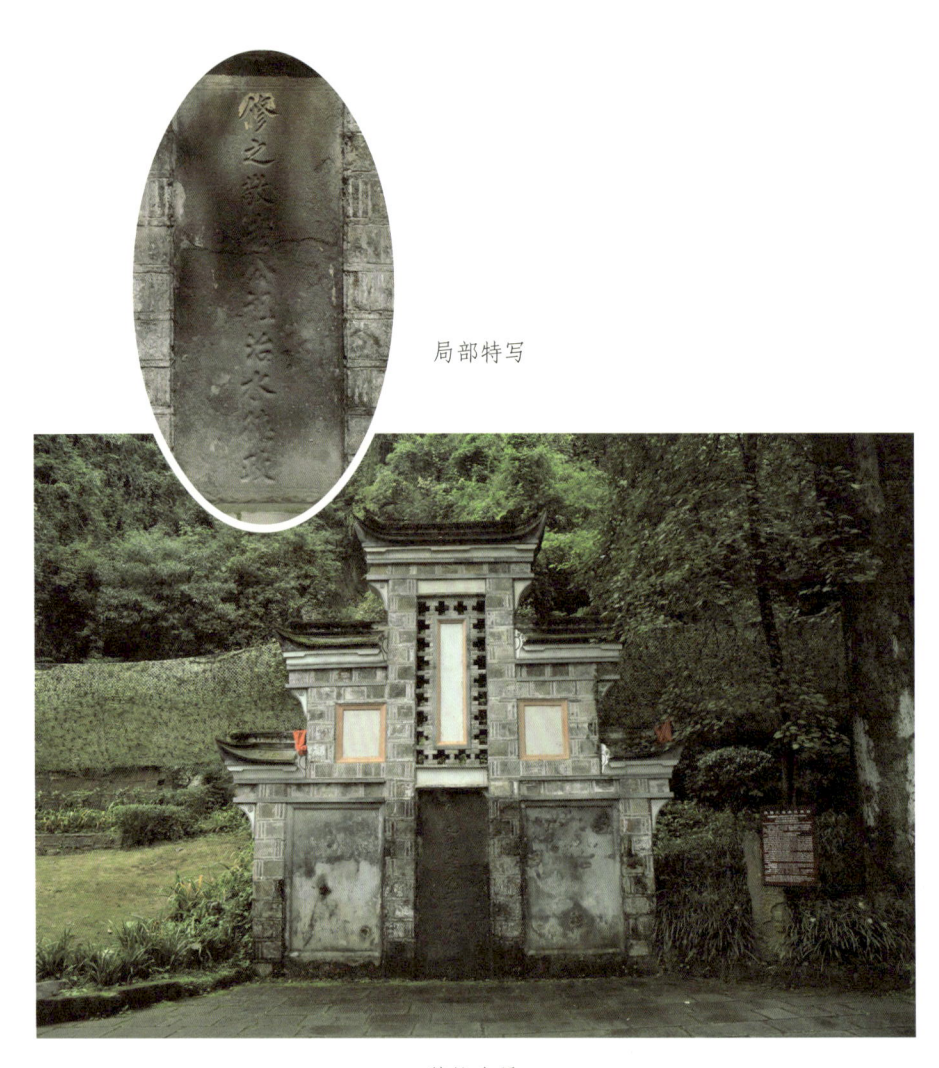

牌坊全景

丁公祠遗址石柱

丁公祠遗址石柱，共2根，位于二王庙东约35米（石柱前GPS坐标：N 31°00′26.72″，E 103°36′28.97″；海拔744.9米）。青石质，高2.53米，间距2.1米，宽0.26米、厚0.5米。阴刻填金，题："东流不尽秦时水，西望长陪太守祠"。该处原为丁宝桢祠，1933年叠溪地震，祠堂被毁，现残存石柱。丁宝桢，字稚璜，贵州平远（今毕节市织金县人），曾任山东巡抚、四川总督。在四川任职期间，改革盐政、整饬吏治、修理都江堰水利工程、兴办洋务抵御外辱，政绩卓著，深得民心。去世后，朝廷分别于山东、四川、贵州建祠祭祀。

相关记载

丁公祠残址刻石在二王庙东侧。1933年，叠溪地震，山洪冲毁丁公祠，只余石柱，高300厘米、宽30厘米、厚50厘米。上刻楹联：东流不尽秦时水，西望长陪太守祠。

——都江堰市文物局编著：《都江堰市文物志》，四川科学技术出版社，2019年，第33页。

现状照

石柱正立面

二王庙

二王庙，位于玉垒山东麓。古道在二王庙和安澜桥之间，现为景区内道路。二王庙依山而建，占地面积51100平方米，建筑面积12419.63平方米（建筑群中庭GPS坐标：N 31°00′29.75″，E 103°36′28.94″；海拔766.7米）。古为纪念蜀王杜宇的"望帝祠"。南齐明帝建武年间，益州刺史刘季连将祠内杜宇塑像迁往郫县（今成都市郫都区）与丛帝合祀，原祠改祀李冰，称崇德庙。宋开宝五年（972），太祖赵匡胤颁诏大修崇德庙，增塑李二郎像。宋、元两代李冰父子相继被敕封为王，遂改称"二王庙"。明朝末年，二王庙毁于战火。清乾隆至同治年间相继修复。1925年遭大火，仅存老君殿及灵官殿以下建筑，后经十年修复并扩建，始成今二王庙格局。二王庙建成后，历经多次维修，最近的一次大规模维修是在2008年"5·12"汶川大地震后。二王庙现为第二批全国重点文物保护单位。

相关记载

二王庙即宋崇德庙，在西门外，清雍正间巡抚张德地、光绪间川督丁宝桢茸修，民国十四年毁于火，今建筑为（未）竣。

——［民国］叶大锵修，［民国］罗骏声纂：《灌县志》卷二《营缮书》，民国二十二年铅印本。

二郎庙一称二王庙，二王乃李赵二王，李王乃是老王李冰的次子，当初李冰治水，二郎出力居多，后世奉为川主，他声名赫赫，驾于老王之上。从前二王庙至少可以称为"川西第一座庙子"，年代既久远，培修也得力，殿宇十数重，一层一层地直下江边，金碧辉煌，俨如兰宫桂殿，前临大水，后依高山，左右拥着森森的茂林——可惜，几年前着一次大火，山门以内，烧得一片精光！而今虽然继续修葺，但在这样年头儿，善人太少，断难恢复旧观。

——[民国]王天元著：《近西游副记》，
南京提拔书店，1935年，第146页。

二王庙位于城西北1千米玉垒山麓，向西俯瞰岷江，隔（内）江与都江堰渠首相望，海拔735～790米。二王庙依山面水、峰峦簇拥、烟波云树、地极清幽，被誉为"玉垒仙都"。二王庙古为纪念蜀王杜宇的"望帝祠"。南齐明帝建武年间，益州刺史刘季连将祠内杜宇迁往郫县（今四川郫都区）与丛帝合祀，原祠改祀李冰，称崇德庙。宋开宝五年（972），太祖赵匡胤颁诏，大修崇德庙，增塑李二郎像。宋、元两代李冰父子相继被敕封为王，清初遂改称"二王庙"。明朝末年，二王庙毁于战火，清乾隆至同治年间相继修复。1925年遭大火，仅存老君殿及灵官殿以下建筑，后经十年修复并扩建，始成今二王庙格局。1966年12月"文化大革命"中二王庙数十尊神像及建筑装饰、屋面泥塑被捣毁。1973年四川省文化厅拨款对二王庙建筑进行维修，1974年重塑李冰父子像，改冠冕朝靴、正目端坐、手握朝笏、"站五坐三"的神像塑造规格为"站七坐五"的真人比例；改明代朝服为战国末期的穿戴。塑造时，将原后殿李冰夫妇像改为单塑李冰于正殿，将前殿"三眼二郎"改为劳动人民综合形象，立于后殿，取名"李郎像"。1995年11月在二殿恢复了李冰夫妇神像。2008年"5·12"汶川特大地震，二王庙遭严重毁坏，国家文物局拨款，按原样进行了全面修复。同年，在大殿恢复了李二郎神像。

二王庙建筑规模宏大、布局严谨，占地面积51100平方米，建筑面积12419.63平方米，整个建筑不强调中轴线，以大殿为中心，按祭祀、游览、膳食、住宿、园林等功能要求，从纵横两个方面进行组合，组成高低有序、主次分明、功能各异、整体性强并带有浓厚川西民居风格的建筑群。

（建筑介绍略）

——都江堰市文物局编著：《都江堰市文物志》，四川科学技术出版社，2019年，第43—44页。

现状照

二王庙山门全貌

二王庙正门　　　　　　　　　庙内经幢及石碑

三官殿现状　　　　　　　　　"深淘滩 低作堰"影壁

古道寻珍——茶马古道在阿坝（都江堰至汶川）

① 东苑山门全貌
② 外墙拴马石
③ 拴马石特写

66

安澜桥

安澜桥，又称"珠浦桥""夫妻桥"，位于二王庙西侧（桥头东岸GPS坐标：N 31°00′31.2″，E 103°36′24.73″；海拔743.6米）。索桥全长286.5米，其中外江段索桥长142.5米，横跨于岷江之上。现以水泥桥墩为基，牵钢绳，铺木板。安澜桥为第二批全国重点文物保护单位。此桥连接岷江两岸，是茶马古道的重要桥梁，经此过桥可至懋功（今小金县）。该桥现已成为二王庙风景区的景点之一。

相关记载

岷江据邑上游，跨江者有安澜桥（一名绳桥，俗称索桥，在治西二里。即古珠浦桥，宋名评事桥，久废。清复建，今易名）。

——［民国］叶大锵修，［民国］罗骏声纂：《灌县志》卷二《营缮书》，民国二十二年铅印本。

横渡岷江的索桥在二王庙的前面，沱江至此东别……过桥沿江行，可通懋功，称为小路（到松潘不过桥）。

——［民国］王天元著：《近西游副记》，南京提拔书店，1935年，第146页。

长桥竹索横空跨，过桥来，柳荫闲话。

——张宗品主编：《松游小唱绘图本》，四川美术出版社，2004年，第7页。

安澜索桥，位于城西北1千米岷江上。古名"珠浦桥"，唐杜甫称"竹桥"。宋淳化元年（公元990年）大理评事梁楚重建，称"评事桥"。宋人范成大在《吴船录》中对索桥作了记述："将至青城，再度绳桥。绳桥长百二十丈，分为五架，桥之广，十二绳相并排连；上布竹笆，攒立大木数十于江沙之中，辇石以固其根；每数十木作一架。挂桥于半空，大风过之，掀举幡然，大略如渔人晒网、染家晾丝帛之状。"宋嘉定间知永康军事虞刚简用竹笼加固桥桩，桥长百五十丈。清嘉庆八年（公元1803年），邑人何先德"素行好义，叠呈县署请修索桥"，"邑侯钱塘吴公乃与邑人捐建"，桥长九十四丈，高七丈，宽八尺，定名"安澜桥"。清道光年间邑人姚清兰举修安澜桥，并亲督加固。清光绪丁亥（1887）初秋，桥毁于水，知县朱樾卿再建时，改用石墩护桥桩，并加宽桥楼，桥长九十丈，高二丈五尺，宽丈余。清光绪二十年（1894）"野庐漫火"，索桥被毁，知县吴之英重建。茅以升在《介绍五座古桥》一文中，对索桥作了详尽的记载。1959年兴建鱼嘴电站，将索桥外江段四孔缩为两孔。1962年鱼嘴电站停建，由四川省水利厅拨款培修，改10根竹底绳为6根钢缆绳，改扶栏竹绳为钢丝绳，外缠竹篾保持旧观。1964年岷江洪水暴发，全桥被毁，由四川省林业厅重建。重建时改木桥桩为混凝土桥桩，扶栏仍以钢丝扭成，用竹篾索包裹。1979年修建外江闸，经国务院批准，将索桥下移100米。重建时改平房式桥头堡为大屋顶双层桥头堡，改单层金刚亭为藻井重檐六角亭，增建了沙黑河亭。索桥全长286.5米，其中外江段索桥长142.5米。

1951年，安澜索桥列为灌县保护文物，由灌县工交科设专人管理。1980年7月和1982年2月，安澜索桥分别列为第一批四川省文物保护单位和第二批全国重点文物保护单位的主要保护点，由灌县文管所设专人管理。

——都江堰市文物局编著：《都江堰市文物志》，
四川科学技术出版社，2019年，第61页。

现状照

远眺安澜桥（南向北）

桥面及桥墩特写

东岸桥头全貌

安澜桥外北上道路现状(今二王庙景区出口之一)

白沙渡

白沙渡，位于安澜桥西北约3千米处。白沙河与岷江交汇处（现代水泥桥中段GPS坐标：N 31°01′15.13″，E 103°35′7.74″；海拔742.3米）。今属都江堰龙池镇白沙社区，现有居民百余户。白沙渡是原灌县北上松茂及水磨的唯一出入口（渡口或绳桥）。清代渡口被索桥取代，其后又被现代桥梁取代，现白沙河两侧均修筑有水泥河堤，原索桥已无遗迹可寻。几次走访附近居民，均对索桥具体位置无法准确判断，称大致就在现代两座桥的位置。

相关记载

入江之白沙河有利涉桥（治西十里，原有索桥，久废，为渡。清乾隆间建木桥，名导江。光绪间重建索桥，更今名）。

——[民国]叶大锵修，[民国]罗骏声纂：《灌县志》卷二《营缮书》，民国二十二年铅印本。

行行至白沙，路转西斜。平畴入望野桑麻，流水小桥，是一幅苏州图画。舟人自舟，筏人自筏，生涯在水涯。回首灌城，茫茫稚堞残阳下。

——张宗品等主编：《松游小唱绘图本》，四川美术出版社，2004年，第7页。

复造白沙绳桥记

清·丁宝桢

惟兹白沙，据县之右，谿源雪岭，路值松茂，夏雪秋霖，横流于道。箭迅瓴下，漂疾汹涌，舟楫弗利，甚或阻绝。光绪五年，余奉命简阅西镇，骑从道此，击楫奔流，顾叹骇湍。即便求隐询于土著，知在前明旧有绳桥，乃毁于水、兵燹。因仍难即恢复，今仅两岸圮址，天生磐石隐约中流耳。乾隆中，邑民周尚仁捐设义渡，以济往来。每当贡使络绎，盐茶载道，星月印须，暴涨滞碍，渡寻废弛，行旅咨嗟为日久矣。用是嘉慕绳桥之安，便慨念此道之艰虞，思复绥济，解兹危殆。

乙酉仲春，再巡视，睹江水之安澜，喜堋堰之顺轨。乃使权水利庄裕筠审地势、规旧基，亟时兴作，名以利涉。于是鸠工饬材，垒址于渊，结绳为梁，长五十三丈，因石层砌翼亭于上，高二丈七尺，添建石墩，高亦如之。岸侧漩水冲以石堤，东西仍列屋舍，长虹空起，上峙岷江。凡铁石竹木工用糜金三千七百两，余与权按察崧君蕃龙、茂兵备道王君祖源、成都守黄君毓恩、署夔州守庆善捐廉任之，费不出民，工不劳役。舍舟而徒，化险为夷，人无病涉，去就安稳，万里艾康，民莫不利。

余惟持节西川，九载于兹，去民疾苦，惟日不及。政通人和，百废俱兴，或未逮焉。窃念绳桥复行，吏遄利在公，职司尽，任勤苦。灌之民又能体上急公，为下好义，共乐捐千二百金，并周氏义渡田亩，为岁修计。成功可久惠及行人，宁有既乎。经始于四月，告成于六月。爰偕兵备，临江酾酒，合乐燕饮。而落之执事者老扬觯请曰："昔在汉时，析里颂李翕之功，阁道纪陈君之美，拯危蹈难，长息劳费，事无大小，安民则惠。今行旅蒙赐，罔道极通柔，远施及荒辙，不有记，焉期久远？"因可所请，备记，刻石树于岸左，以示后贤。

光绪十一年六月二十四日记

——曾晓娟主编：《都江堰文献集成·历史文献卷·文学卷》，巴蜀书社，2017年，第593-594页。

位于白沙河，又名白沙渡，白石渡。范成大《吴船录》："索桥稍迁数里有白石渡，可以舟济，然极湍险也。"民国《灌县志》"白沙河有白沙渡，在治西十里，今建绳桥"。

——都江堰市文物局编著：《都江堰市文物志》，
四川科学技术出版社，2019年，第16页。

现状照

白沙渡南岸现状

古道寻珍——茶马古道在阿坝（都江堰至汶川）

① 白沙河与岷江交汇处
② 白沙渡远眺玉垒关方向（南向北）
③ 白沙渡全景
④ 白沙渡北岸现状

珠罗坝

珠罗坝，又称猪（朱）脑坝、五里塘，位于白沙渡北约3千米处（原址现为水库，水库岸边GPS坐标：N 31°02′24.65″，E 103°33′54.42″；海拔871.7米）。原是都江堰与汶川交界之地，今属都江堰市龙池镇查关社区。珠罗坝现已被紫坪铺水库淹没，无遗迹可寻。

相关记载

万人桥，在猪脑坝，距城一百四十里。

——《阿坝州文库》编委会编：《阿坝州文库·（嘉庆）汶志纪略》卷一，四川民族出版社，2013年，第19页。

猪脑坝铺，在治南一百四十里。注：原为汶川辖地，今属都江堰市麻溪乡。（按：麻溪乡于20世纪80年代拆分至今玉堂镇和漩口镇）

——《阿坝州文库》编委会编：《阿坝州文库·（嘉庆）汶志纪略》卷一，四川民族出版社，2013年，第20页。

庆云桥，在珠脑坝，距龙溪十五里，建于何时不详。民国二十八年，保长贾凯臣等募捐督工修复。

——《阿坝州文库》编委会编：《阿坝州文库·（民国）汶川县志》卷四，四川民族出版社，2013年，第92页。

珠瑙坝是译音，不知实际上是朱缘坝，还是珠瑙坝，但在一般苦力们的想象中也许应该称为"猪脑坝"才讲得通。所以，这一路的地名很难考证。珠瑙坝是灌县和汶川交界的地方。

——［民国］王天元著：《近西游副记》，南京提拔书店，1935年，第148页。

　　前途望眼赊，沿江一带古烟霞。五里塘，恰似那八阵图，千军万马，又好比元夜灯，火树银花。

——张宗品等主编：《松游小唱绘图本》，四川美术出版社，2004年，第9页。

现状照

珠罗坝原址

珠罗坝原址

珠罗坝原址全景

茶关

茶关，又称查关，位于珠罗坝西约1千米处，今属都江堰市龙池镇查关社区。受紫坪铺水库的修建及"5·12"汶川大地震影响，古道被淹没、山顶古道垮塌，现无遗迹可寻。旧时，此关为出玉垒关后最大的关口之一，是出入行人交换通关文牒的地方。

据灯盏坪83岁蒲绍兴老人介绍，原古道有两条：其一沿岷江顺山脚而行至楠木园、龙洞子，翻娘子岭；其二翻茶关山、经桃子坪再翻娘子岭。修建水库后，水库位置的古道已被淹没。地震后，翻山的道路也已中断。

经实地考察，结合《松游小唱》等相关资料，笔者推测翻越山坳（茶关山）的道路应为主道，且是早期一直延续至民国的道路，顺山脚而行之路应为小道。

相关记载

茶关，古蚕崖关，治南一百四十里。为县治门户，蜀郡屏藩。江山险绝，凿崖通道，设之以盘诘出入者。与青云营相应。今设汛防把总一员、汛兵四十名。

——《阿坝州文库》编委会编：《阿坝州文库·（嘉庆）汶志纪略》卷一，四川民族出版社，2013年，第17页。

茶关汛，驻防维州，左营把总一员，带兵四十名。

——《阿坝州文库》编委会编：《阿坝州文库·（嘉庆）汶志纪略》卷一，四川民族出版社，2013年，第20页。

茶关塘，距城一百四十里。原为汶川辖地，今属都江堰市麻溪乡。

——《阿坝州文库》编委会编：《阿坝州文库·（嘉庆）汶志纪略》卷一，四川民族出版社，2013年，第21页。

从此渐登山，五里茶关。关门口好楹联，上写着"东来险阻无双隘；西去崎岖第一关。"来往要稽盘。是国计民生税美。

——张宗品等主编：《松游小唱绘图本》，四川美术出版社，2004年，第11页。

位于石柱坝和都江堰龙池镇之间，是汶川县门户，上娘子岭的第一道关口。地理位置为北纬31°02′，东经103°59′，海拔810米。清代设把总一名，汛兵40名驻守，盘查来往行人。清代以前茶关称为"蚕崖关"，据光绪《增修灌县志》记载，茶关在"治北四十七里，其处江山险绝，凿崖通道，有如蚕食，因此得名"。《蜀事问答》称蚕崖关为松茂驿路之冲，足见关之重要。

——阿坝师范学院编撰委员会编写：《青藏高原环境与山水文化·汶川卷》（一审稿），2017年，第138页。

现状照

茶关村驻地现状

今茶关村驻地全貌

调查成果 （上篇：都江堰段）

79

楠木堰

楠木堰，又称楠木园、拦木园，位于茶关西约2千米处，今属龙溪镇茶关村，现已被紫坪铺水库淹没。据村民讲，此处原为堰塘，岷江上游的木材经水路在此上岸，改走陆路。

相关记载

楠木园：拦木园，地名，岷山山中多原始森林，木材顺流漂下，人民在此处江边栽木桩拦截漂木，存放待运，年久习惯称为拦木园。

——张宗品等主编：《松游小唱绘图本》，四川美术出版社，2004年，第13页。

镇江庙，在楠木园。

——《阿坝州文库》编委会编：《阿坝州文库·（嘉庆）汶志纪略》，四川民族出版社，2013年，第42页。

现状照

楠木堰现状

龙洞子

龙洞子，又称龙洞，位于楠木堰北约0.6千米处。今属都江堰市龙溪镇，现被紫坪铺水库淹没，无法抵达。据村民讲，此处原有的道路系开凿陡崖而成，极为险峻，风光独特，常有文人雅士至此赋诗作画。

相关记载

龙洞：今都江堰市龙溪乡沟水出口处。其溪涧之水长流，至楠木园注入岷江。

——《阿坝州文库》编委会编：《阿坝州文库·（嘉庆）汶志纪略》卷三，四川民族出版社，2013年，第100页。

位于龙池镇茅亭村境内。《汶志纪略》："龙洞在治南一百二十里，石壁对峙，道断，悬石板为栈，宽不容车。龙池之水至此入洞，不知所之。或云至楠木园山脚下流入大江也。"壁书"龙洞"二字，威茂道副使滇人万文彩题；又书"关塞接天"，"大明嘉靖丁巳年仲夏，水利佥事闽人李杏书。"20世纪70年代开山取石，龙洞被毁。

——都江堰市文物局编著：《都江堰市文物志》，四川科学技术出版社，2019年，第22页。

相关诗文

龙洞远眺

清 邑孝廉 杨开运

洞峡流清去复旋，两山环抱一溪烟。
岚嘘岫偃山疑侧，水激桥浮石似悬。
高下阴樗同蔽日，嶙峋古柏独撑天。
才疏不厌功名薄，无限闲情寄辋川。

——《阿坝州文库》编委会编：《阿坝州文库·（民国）汶川县志》卷七，四川民族出版社，2013年，第221页。

龙洞潜流

清 邑孝廉 孟侯

远疑无路觅西东，忽到溪头一线通。
劈破高峰开锦嶂，列成崖岸养神龙。
猿啼绿树山山外，月落寒潭隐隐中。
锁住烟霞千万里，长留彩翠映苍穹。

——《阿坝州文库》编委会编：《阿坝州文库·（民国）汶川县志》卷七，四川民族出版社，2013年，第222页。

现状照

龙洞子现状

娘子岭东麓古道

娘子岭东麓古道，从今龙池镇云华社区尖尖树、小湾（寿星垴）、幺店子、乱石凼至娘子岭山顶垭口银台观。古道的大部分路段现已荒废，特别是小湾以下路段，基本改道。现存古道全长约3千米，相对高差近600米，沿山脚顺沟而行，途中有零星分布的石板、石块铺面，宽度不一。部分陡坡铺不规则石块作阶梯，石板、石块规格不一，但多就地取材。其中幺店子（下有详述）至垭口一段长约300米的古道保存较好，为石板或石块路面，且保留歇气台等遗迹。娘子岭东麓古道附近已无固定住户，保留的棚屋等多作为当地村民上山采药时的临时落脚点。

相关记载

自灌口至松潘县，全长640华里。原为秦时白沙邮通湔氐之古道，名"冉駹山道"。出县城西经崇德祠、白沙、茶关15里而入汶川县境，在楠木园北折，途经龙洞栈道、尤溪场，翻越娘子岭至映秀湾。县城至二王庙段，至今遗迹尚存。道路傍山修筑，路中铺石板作为骡马和人行走道，两侧卵石嵌砌，遇雨不陷，陡坡处添设石步，以利上登下行。过映秀湾后，路即依山沿河，逶迤穿行于群山峻岭之中。民间谚语云，"三脑、九坪、十八关，一锣一鼓到松潘"，是对这条古道途经地名的概括。县人清贡生董湘琴有《松游小唱》记述沿途风光。

——四川省灌县交通局《交通志》编写组编：《灌县交通志》，油印本，1983年，第12页。

相关传说故事

陈先达修桥修石板大道的故事

贡生陈先达，清嘉庆时人。世居龙溪场中街街后，房屋宽敞，即所谓"陈家公馆"。某年，有松潘运羊毛骡帮抵此，闻灌城不靖，交流梗阻，骡帮老板陕西人某，将羊毛驮子卸下寄放先达之空楼上。老板复返回松潘，一去多年，音信杳无。年陈日久，楼房风雨浸蚀，羊毛腐落，现出内包藏有银锭，每驮皆有，先达因此暴富。念此意外财物，不能独享，乃将银两花在公益事业上，独资修复庆升桥。又修从楠木园到娘子岭的石板大道，经柏树林、龙洞子、三步台、龙溪场街、尖尖树、小湾，修拢大湾，还想继续修到岭上，但大湾以上，归岭上庙宇范围，住持自诩有资力能修这一段，阻挡陈先达施工，因此石板大道修到大湾就停止，全路长十余里。石板系雇请石工制成，宽度适步，长方形而平整，铺成石级大道。未修前，这段路高低悬殊，泞泥溜滑，举步维艰，肩挑背负的劳动人民扑跌伤残，损失物资，每多有之。石板大道修成，便利行人，造福不小，尤其劳动苦力，受到实益，事迹流传至今。

——四川省灌县《龙溪乡志》编写组编：《灌县龙溪乡志》，内部发行，1983年，第103页。

现状照

歇气台特写

石阶梯

古道现状

调查成果（上篇：都江堰段）

85

相关地图

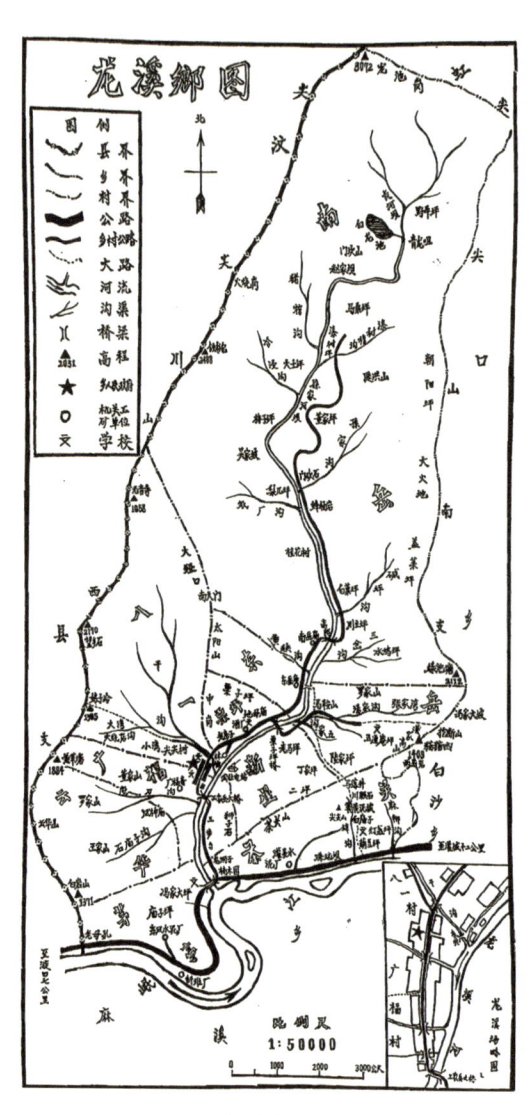

龙溪乡图

——四川省灌县《龙溪乡志》编写组：《灌县龙溪乡志》，
内部发行，1983年

幺店子

幺店子，又称马棚、火烧店，原是娘子岭古道上的客栈（建筑前 GPS 坐标：N 31°03′43.19″；E 103°31′55.1″；海拔 1078.4 米）。二层悬山式顶，穿斗式梁架，高约 7 米，占地面积约 144 平方米。底层面阔 3 间 10.5 米、进深 4 间 13.7 米。内部以板壁和木骨泥墙作隔断。现二层大部分垮塌。

据向导郭大哥介绍：该处小地名为火烧店，幺店子是翻越娘子岭时的歇脚点，很多途经之人在此休整。20 世纪六七十年代后仍作为上山采药人的临时居所，"5·12"汶川大地震后逐渐荒废。结合史料，初步判断此地应是火烧店或寿星垴。

相关记载

火烧店虽然只有一户人家，但适当从尤溪上娘子岭的半山上，是宜于歇气的一个站口。此地又名寿星脑。

——[民国]王天元著：《近西游副记》，南京提拔书店，1935 年，第 149 页。

现状照

幺店子全景

内部梁架结构

邓真人墓

邓真人墓位于娘子岭东麓，距娘子岭山顶垭口约500米（墓碑前GPS坐标：N 31°04′13.34″，E103°31′19.94″；海拔1434.5米）。墓前有内嵌式墓碑，仿木结构歇山顶碑帽，青石质，高2米、宽0.96米、厚0.3米。碑文记述了银台观第十三世祖师爷邓来芳真人生平，落款为嘉庆十七年（1812）仲春月谷旦。墓已多次被盗，盗洞尚存，根据盗洞察看，该墓可判定为石室墓。

碑文识读

碧洞遗徽

羽化龙门正宗一十三代恩师邓公派来芳真人之墓

公本吴之赣州籍也。生居蜀之内江，幼登甲第，久真玄风。乾隆□子弃隐青城，投天仙大戒阳炳王公派下。簪冠进道，苦志修持。越壬午岁，得王□通公师伯同志来汶，报垦娘岭，承粮驻杖。开修官道，建庙施茶，栽杉置田，参研道德，开承先启后之光，继传登衍派之范。历三十七载古功，享八十六春寿期，脱化于嘉庆戊午孟夏。□等难忘木本，敬叙履历，以志不朽云耳。

派徒：周复宗、黄复厚、李复茂、黄复金、鲁复庄。

徒孙：蒋本全、王本玲、操本存、彭本如、谢本修、王本禄、杨本升、吕本仁、陈本根、李本先、方本中、姚本定、唐本立、马本俊、张本敬、郭本虹、艾本信、丁本癸、李本善、张本仪、毛本青、杨本泰、曹本真、李本□。

曾徒：杨合春、韩合庆、侯合祥、文合根、吴合真、刘合富、李合荣。

玄孙：徐教洪、游教敏立。

嘉庆十七年仲春月谷旦

现状照

墓冢全貌

墓碑全貌

墓冢盗洞

李真人墓

　　李真人墓位于娘子岭垭口南侧约50米，与娘子岭山顶垭口垂直距离约50米（墓碑前GPS坐标：N 31°04′3.4″；E 103°31′17.32″；海拔1495米）。该墓有青石质墓碑，穹隆碑首，浅浮雕仙鹤浮云图。碑高1.35米、宽0.76米、厚0.15米。碑文记述了银台观第十四世祖师爷李真人生平，落款为道光十九年（1839）十一月。墓多次被盗，其形制不可辨。

　　据现银台观管理员王大爷介绍，在东麓北侧有第十五世祖师爷墓，墓碑尚存，但道路已断，无法前往。

碑文识读

[碑阳]

　　　　　　　功垂娘岭流芳远　　道冠银台庇泽长

来龙午山子向

羽化龙门正宗第一十四世恩师李公派复茂字回春真人之墓

　　　　　　　　　　　　　（竖碑者姓名字迹模糊，略）

　　　　　　　　　　　　　　　　　　道光十九年十一月

[碑阴]

　　　　　　　效古幽居于凌谷　　从今羽化而登山

　　夫羽流之有师尊，犹尘缘之有父母也。鸿恩既受，盛德宜彰。原我师李复茂，字绍真者，籍隶广东嘉应州，诞自资州罗泉井。生于乾隆廿八年癸未六月廿六日丑时。幼失恃。年十七随父而家于汶邑之罗圈湾。雁泥鸿爪，灰志红尘，于廿二岁即投拜来芳邓师祖，继参仲远陈真人门下，不从事于永铅，惟用心于经典。禳灾俺瘟，元功济世，祈晴祷雨，道念同天。师祖羽化，众因推住持。自承事以来，偿负道，制田地，兴土木，费金数千，皆其募积。而且生平好施，凡相知之死无归，而日殡者十余棺。各大尹饬充道会，久护元门。嘉庆十二年，继勇侯德公闻名，特召相见，大悦，赏赉。后复为之请于朝，而锡以六品爵衔，其见重于王公大人者如此。至于平日，接人以礼，驭下以温，凡徒子法孙之沐恩德者，指不胜曲。不料于道光十一年辛卯六月廿六日，夜梦羽葆人来前，曰请公为青羊宫吏，因危坐示梦而终，年六十九岁。卜葬本山之阳。修等恭承法裔，恩德难忘，特衷延儒士叙其梗概如右。俾后之承派嗣教者，其知源委焉，而勿数典以忘。谨志。

现状照

墓冢全貌

墓碑阳面全貌

墓碑阴面全貌

碑首特写

04

调查成果

（下篇：汶川段）

娘子岭

娘子岭，又称羊子岭，有银台观及"银台积雪""惠达亨衢""银台神泉"三通石碑等遗迹。

银台观（正门前 GPS 坐标：N 31°04′13.81″, E 103°31′7.49″；海拔 1506 米）重建于 2008 年"5·12"大地震之后。悬山式顶，抬梁式结构，为汶川县文物保护单位。观内供奉观音、太上老君、药王菩萨等塑像。原道观的柱础散落其间，大致可分为圆柱式和须弥座式两类，直径（边长）0.5～0.7 米。

"银台积雪"碑，青石质，穹隆顶。高 2.1 米、宽 0.92 米、厚 0.13 米。竖刻"银台积雪"四个大字，左侧刻"安徽刘辅廷书"，落款道光二年（1821）。"银台积雪"指积雪的娘子岭远观似银台一般。

"惠达亨衢"碑，残存碑首，青石质，穹隆顶，双面高浮雕四爪双龙戏珠图。残高 0.72 米、宽 0.75 米、厚 0.15 米。中心竖刻"惠达亨衢"四字。根据双龙图案推测，此碑是官制功德碑。

"银台神泉"碑为修葺三眼泉时发现。青石质，残高 0.47 米、残宽 0.32 米、厚 0.07 米。据相关史料记载，其完整碑文为"银台神泉，泉深三尺三；装也装不完，饮也饮不完；饮了泉中水，时时保平安"。今泉眼处立现代复制的神泉石碑一通，内容略有改动。

据现银台观管理员王大爷介绍：旧时此地是重要的驿站、商铺以及官驿，异常繁华，也是松茂古道的必经之路，亦是最为险难之处。银台观与二王庙以及成都青羊宫属同期建筑，为三师兄弟分别修建。观后有三眼泉，两侧为方形泉，中间为圆形泉。受"5·12"汶川大地震影响，现泉水已无法满足日常用水需求。据史料记载，娘子岭上旧时还有关帝庙。

相关记载

娘子岭，治南一百零五里。汉居。

——《阿坝州文库》编委会编：《阿坝州文库·（嘉庆）汶志纪略》卷一，四川民族出版社，2013年，第36页。

娘子岭关帝庙，旧系元天宫，久圮。乾隆二十八年，道人邓来芳凿开重建，兼施茶以解渴烦，岁久不废。

——《阿坝州文库》编委会编：《阿坝州文库·（嘉庆）汶志纪略》卷二，四川民族出版社，2013年，第41页。

娘子岭，在治南一百里，一名银岭。山岭高绝，越三十里。夏秋多雨，春冬积雪，望若银台。

——《阿坝州文库》编委会编：《阿坝州文库·（嘉庆）汶志纪略》卷三，四川民族出版社，2013年，第94页。

县南一百一十里，山曰银岭，俗名娘子岭，为入省大路。有关帝庙，道士居之，往来者献以茶。其茶即岭上道士自摘者，味最佳，水亦清洌。左右山峰对峙，中通一路，青篁古木，参差相映。传志不载，土人以娘子岭呼之，相传为杨贵妃入长安时路过，故名。或云孟昶游益州，其妃张太华迎候于此，故名。不可考。太初李元曰：娘子岭，俗称杨贵妃归京时经过此岭，故名。《太真外传》曰：杨妃小字玉环，弘农华阴人，徙蒲州永乐之独头村。高祖令本，金川刺史。父元炎，蜀州司户参军。妃早孤，养于叔父河南府士曹元璬家。又《峤南琐记》曰：贵妃本广西容州普宁县云陵里人，父维，母叶氏。都督杨康乞为女，长史元炎转乞为女。《蜀水经》曰：《唐史》，妃蒲州永乐人。父元炎，叔父元珪，与《外传》合，独理璘二字小异。方妃贵盛时，其父元炎，母李氏，叔父元理、堂父铦、堂弟锜鉴，再从兄钊即国忠，姊韩国夫人、妹虢国夫人、秦国夫人，国忠长男暄、小男朏，韩国壻（按：应为婿）崔珣、虢国男裴徽，秦国婿柳澄、澄弟潭、澄男钧，皆蒙贵显，何得本生父母，独无荣施？《琐记》不足信也。又按杨元炎任蜀州司户参军，而贵妃生焉。唐蜀州，武德元年置，天宝改唐安郡，今之崇州也。世传贵妃生茂州，而汶川因有娘子岭。然茂州在隋开皇三年废汶山郡为蜀州，七年已改会州矣。又按开元二十三年册奉王妃杨氏，二十八年，度杨氏为道士，号太真。天宝三载，潜纳于宫中，号娘子。四载，册为贵妃。十载，安禄山生日，召入禁中，用缯帛为大襁褓，使宫人裹而沐浴。赐贵妃洗儿钱。十五载，缢死马嵬。考明皇帝生于垂拱元年八月五日，贵妃生于开元七年六月一日。纳宫之年，明皇六十一岁，贵妃二十六岁，何蝶昵之甚欤？安禄山生于景龙四年二月，至天宝十载，已四十四岁。贵妃方三十三，乃襁褓洗儿，明皇不悟，亦大可怪矣。正史不载此事，当由小说之经也。

——《阿坝州文库》编委会编：《阿坝州文库·（民国）汶川县志》卷七，四川民族出版社，2013年，第197—198页。

天生一岭界华夷，上十五里，下十五里。佳名自昔称娘子。把新旧唐书重记起。天宝、开元，这典故无从考据。伍髭须，杜十姨，或恐是才人游戏。盼不到为云为雨巫山女，梨花一枝，仿佛在溟蒙空际。空山瓮马蹄。一路行来迤逦，亍亍至岭头小憩。

——张宗品主编：《松游小唱绘图本》，四川美术出版社，2004年，第15页。

娘子岭道观建于1763年，迄今已有200余年。历史上多次遭到毁坏，现存道观为1997年复建，其占地总面积为1794平方米，纯木结构殿堂5间，面积331平方米；木结构住房6间，面积有192平方米。

观前有三井，甘冽可饮，据说，将娘子岭上井水背回家熬药，很有疗效；庙观求子求学很灵验。观内塑有文昌帝王菩萨。每年的农历二月十九、六月十九、九月十九，为娘子岭道观庙会。每到庙会日，都江堰、成都、德阳、广汉、什邡等地的信教群众从四面八方赶来聚会。

庙前之井旁竖"银台积雪"石碑一座，为县级文物保护单位，系清道光年间刘辅廷书丹。清道光年间安徽人刘辅廷在阿坝州为官，主持修纂了《茂州志》，是有名的文化人。据传，刘辅廷因公差途经娘子岭，道观住持挽留，刘辅廷因公务在身，本欲谢绝住持好意，但人不留客天留客，少时天空竟飘起鹅毛大雪，群山林莽顿时银装素裹，刘辅廷准备整装出行，回望积雪的娘子岭如银铸台座，闪闪发亮，而驿道湿滑不能行走，喟然一叹，遂回道观歇息。他让住持拿来文房四宝，欣然命笔书写"银台积雪"四个大字。后住持将字刻于石碑之上。该碑刻通体高2.1米，宽0.92米，厚0.13米，碑基宽0.27米，长0.17米，穹隆顶，石质为当地所产的红砂石。"银台积雪"四字为楷书体，硕大浑厚，圆润优美，刻工精湛，题记小楷为"安徽刘辅廷书，道光二年秋立"，碑基座为现代水泥石砌筑，石碑下段左角处残缺应是"5·12"地震之前损毁，碑刻字由现代红油漆填写。

——阿坝师范学院编撰委员会编写：《青藏高原环境与山水文化·汶川卷》（一审稿），2017年，第277页。

相关诗文

娘子岭

清 邑孝廉 杨开运

石蹬迂回叠五云,南晴北雨岭头分。
香生堕马新兴髻,翠绕留仙擘皱裙。
月镜开妆当岭挂,泉声似织隔林闻。
巫山艳述襄王梦,此地何年亦有云?

——《阿坝州文库》编委会编:《阿坝州文库·(民国)汶川县志》卷七,四川民族出版社,2013年,第221页。

过娘子岭

潼川太守 沈清任 淡园

青山索我上青云,及到云根山未分。
十五回环娘子岭,罗衣翠髻并氤氲。
挽粟飞刍供亿烦,三年朝夕走元元。
何如一匹逍遥马,啸入秋林看水源。

——《阿坝州文库》编委会编:《阿坝州文库·(民国)汶川县志》卷七,四川民族出版社,2013年,第223页。

过娘子岭

清 李兰亭

传说贵妃年少日，从斯选入寿王宫。
原来多少倾城者，生在深山大泽中。
扬钊首唱西巡策，妃子从中赞有言。
却恨马嵬埋玉早，不曾随驾到兴元。

——《阿坝州文库》编委会编：《阿坝州文库·（民国）汶川县志》卷七，四川民族出版社，2013年，第226页。

相关传说故事

娘子岭道观传说

观内种植有多种珍稀花木，靠北原有银杏一株，腰大数围，枝叶繁茂，相传此树乃东汉时所栽，与青城山天师洞的银杏为姐妹树。关于娘子岭道观里的银杏树还有一个古老的传说。话说，一日，娘子岭银台观主持李祖师从北京觐拜皇帝回程途中走到西瓜垴时，发现道路正中横卧一拇指粗的青蛇拦住去路，他也未曾多想，因为山间路途难免遇到蛇类，于是李祖师用手中挂木轻轻地将其拨于路旁继续前行。不料走出约三里地后，李祖师又发现在甘溪铺道路正中横卧着一条手臂一样粗的青蛇拦住去路，而且青蛇昂头吐信凝视着他。李祖师心中不免升起一丝诧异："今天为何如此奇怪，怎么连续两次遇到青蛇拦路？难道是要讨我的封赏不是？"但是李祖师此次进京面圣，本身也没得到皇帝的封赏，心中失落之情尚未散去。于是他不无好气地对青蛇喝叱道："此次我去紫禁城也未落得什么封赏，你斯却要讨我的嘉奖，天下岂有此等之事？休得拦我去路，快快退去！"却见青蛇反而将头昂得更高，蛇信吐得更长了。李祖师是修行之人，常常云游高山大川，见闻了许多奇异之事，所以并未被青蛇举动吓住，他用手中拄杖将青蛇挑于路旁便继续前行赶路。说也奇怪，李祖师又行约三里地至新店子时，本是万里无云的晴天毫无征兆地突然降下瓢泼大雨，此地距银台观大约三里之地。李祖师心想："今天真是怪事凑堆呢？"此处虽有树林，无奈雨势实在太大，已找不到避雨之处。李祖师不得不加快脚步回到道观，当他打开道观门一看，此处本是高台之地，但观中天井已积水一尺多深，积水都快漫过大殿门槛。李祖师心中一下焦急起来，因为积水一旦流入大殿，势必淹没殿内塑像。于是他赶忙奔向厨房，抄起水勺返回天井之中舀水外排，可雨下得实在太大，天井水位还在慢慢上涨，眼看就快漫进大殿之中。李祖师正在埋头舀水之际，突然天空传来一声炸雷之响，他不免起身回头一望，这一望让见多识广的他也不免倒吸一口凉气。李祖师发现天井东侧一棵直径数米的高大银杏树上，倒垂着一条成人大腿般粗、长约数米的青蛇，正张开大口眼露凶光地怒视着他。李祖师脑海中不由自主地闪过当天回观途中两次遭遇青蛇的情形，瞬间明白当天所经历之事极不寻常，心想："这晴天无端降下大暴雨莫非也是这孽畜作怪？看来只有作法收服它！"李祖师于是扔掉手中水勺，几个箭步登上大殿上面的皇经楼，盘腿坐下后念经请神制服青蛇。大约十来分钟后，又从天空传来一声炸雷之响，同时一道闪电从天而降击中大蛇，将大蛇连同银杏树一起拦腰截断。此时，正下着瓢泼大雨的天空也突然放晴，重新变得万里无云，仿佛之前未曾下雨一般。李祖师急忙起身到天井之中一看究竟，从皇经楼望见天井积水已消失无踪。待他走至被劈倒的银杏树跟前时，却并未见到大蛇残身，倒是看见被拦腰截断的银杏树内部中空，书页般大小的蛇皮散布其中。这一天种种遭遇和经历让李祖师心中困惑不已，百思不解，也成为其一块心病。所以，不多日，李祖师也消瘦下去，精神萎靡不振，最终仙逝而去。

——阿坝师范学院编撰委员会编写：《青藏高原环境与山水文化·汶川卷》（一审稿），2017年，第277页。

娘子岭传说

娘子岭，岭上高寒，冬春积雪，望若银台，石磴古道迂回其间。自古以来，娘子岭即为"映灌交界"，按现在的区划，为汶川县映秀镇与都江堰市龙池镇的分界，而银台观建于分界线上，形成一脚踏州市（阿坝州和成都市）或一步跨两县（汶川县和都江堰市）的奇观。

传说明朝时期，映秀一户人家根据道士指点，将不幸身亡的家人葬于原娘子岭垭口处，只因该处属于风水宝地，能保佑子孙后代飞黄腾达。一日，远在北京城的皇帝夜间忽然做了一个怪梦，梦见西南边陲之境乌云遮住了半边天空，皇帝梦醒后十分诧异。于是第二天清晨，皇帝召见众臣解梦，询问梦中情形代表何意。当时朝廷设有观天师一职，观天师于夜间察观天象之后回复皇帝，称梦中之意是指川西一带有异物压住龙脉，恐危及江山永固，需要及时清理铲除异物。皇帝听闻后大惊，于是派出大臣和观天师赴四川查找异物所在，并将其毁掉。

既领圣谕，大臣和观天师不敢懈怠，连夜率人星夜兼程赶赴四川办理此事。到达四川之后，在地方官员陪同和指引下，终于找到镇压住龙脉的异物，就是娘子岭垭口的坟墓。地方官员于是命令手下兵丁铲除此坟包，但甚为奇异的是头日被铲平的坟包第二天又自动恢复成原状。第二天铲平此坟后，第三天又恢复原状，如是连续七天，无论前日如何破坏，次日必定恢复原状，这让众人惊奇不已。如此怪异之事，也令大臣束手无策，只得差人回京向皇帝禀报此怪异之事。皇帝听闻回报之后，更感觉梦中之事神奇。于是皇帝下旨，命朝中大臣和四川地方长官务必铲除坟包，否则杀头。这让朝中大臣和四川地方长官压力十分巨大。大臣们想知道坟包到底第二天是如何恢复原状的，于是夜晚就抱席卧于被铲平的坟包之旁。结果由于夜间太困，大臣不知不觉就睡着了，第二天一觉醒来，发现自己卧于完整的坟包之上。大臣心想，今晚我必定不再睡去，要一直紧盯，看看到底是怎么一回事。结果从头日黄昏一直快到次日黎明都未发觉坟包有何变化。由于实在太困，大臣不知不觉就合上了自己的眼皮。但就是在这迷迷糊糊中，大臣听见坟墓之中传来疑似地脉龙神的谈话之声，先听见一个声音问道："我们是不是应该搬家了？"另一个声音回答："为何要搬家？"先前的声音又说："兵丁们如此来来往往，已经影响到我们的安宁了。"大臣猛地从睡意中惊醒，但环视四周并无对话之人，却见坟包又恢复了原状。于是大臣赶紧把梦中之事告诉了观天师和四川地方长官，以商议应对之策。恰巧辅佐地方长官的一位师爷也在堂上，听闻之后说："来来往往影响安宁不就是像锯子锯木一样吗？"大臣受此启发，于是立马命令兵丁改用锯子锯割坟包，头日锯掉的部分次日果然不再复原。但此法就是进程十分缓慢，经过七七四十九天，坟包终于被锯平，但原坟包所在之地却变成了一个血坑，疑是地脉龙神被锯裂身体之后流出的鲜血。传说娘子岭附近的井水前三年都是红色的，其后才逐渐恢复清澈。更令人诧异的是，坟包被破坏几日之后，生长于娘子岭两侧山坡的数万亩竹子全部爆裂开来，中空的竹子里面是身披盔甲、手执武器的士兵之形和战马、战车之形，有的士兵已经有一只脚跨于战马之上。

大臣和观天师见坟包已经被铲平，心中松了一口气，于是赶紧回京回报此事。皇帝听取了整件事情经过，也甚感此事奇异。娘子岭风水奇异，皇帝担心此后再出现类似之事危及江山永固，于是苦思如何才能不让后人再葬坟于娘子岭。谁料不多久皇太后病重，皇帝之姐重阳姑向上天许下心愿说，如果上天能让皇太后再活3年，自己就新修3座庙、新植6棵树以报上苍之德，结果皇太后果然再多存世3年。重阳姑为兑现诺言，要求皇帝择址修庙还愿。皇帝一下受到启发，心想正好在娘子岭修建庙宇护住龙脉，而且修庙占地之后也就不会再有人将坟葬于此地。皇帝于是替姐还愿，下旨在娘子岭为其母新建庙宇，并新栽银杏树两株，此即娘子岭的由来。除娘子岭外，另两座新建庙宇分别是今天的水磨黄龙观、漩口常乐寺（传说皇姑坟在此），并各有两棵与娘子岭银杏树同岁的粗大银杏。

——阿坝师范学院编撰委员会编写：《青藏高原环境与山水文化·汶川卷》（一审稿），2017年，第280页。

银台神泉三步井

三步井：娘子岭由于处于两山垭口之间，水源匮乏，常需要步行十余里下山取水。话说一日银台观小道士正从龙溪山下挑了一担水回观，途经杉木林时，忽然遇到一白发白眉白须且脸色略显憔悴的老翁歇息于路旁岩石之上。老翁看见小道士挑水而来，憔悴的脸上突然泛出一点喜悦之情，起身拦住小道士说："我赶路许久，已经三天三夜未曾进水，小哥可否借我一点水喝以解焦渴？"小道士听闻之后，看看担中之水，面露犹豫之色，心想"我费了十分力气好不容易从山脚挑水上山，一路如此辛劳，现在这老爷爷却要讨水喝，我给还是不给呢？给吧，我又要重新回山脚补足水。不给吧，这老爷爷如此大年纪，已经数日不进水，恐发生什么意外。"白发老翁大概从小道士的面色之中看出了一些端倪，便继续说道："小哥请放心，我仅借一勺水喝即可，并且将所借之水数倍奉还。"小道士听其如是说，心想，他讨要的水不多，况且救人于危急也是师父经常教导的，于是放下担子，取了一勺水递给白发老翁。老翁接过水勺之后咕噜咕噜喝下大半勺，却留下小半勺。老翁饮水之后，一扫憔悴之情，连连感谢小道士借水之恩，并且说要陪同小道士一同回观。老翁手持小勺水，而小道士挑水，两人结伴回到了银台观。到观之后，小道士将担中之水挑往水缸倾倒，老翁却仿佛到过此地一般，径直走到北侧庭院靠山之处，小道士用眼角余光瞥见老翁在庭院转了一圈之后，突然站住，然后左手持勺，右手无名指从未喝完的小勺水中稍一蘸取，随即将一滴水滴入地下。而后又向前走出三大步立定，重复前述动作。此后又向前走出三步立定，再次重复前述动作。小道士心中正纳闷："我把好不容易从山下挑来的水赠予你喝，你怎么却如此白白地滴于地面呢？"老翁将勺中剩余之水一饮而尽，随即将水勺还于小道士，并再次道谢，之后就向小道士辞行声称要继续赶路，且边说边往观外走去。小道士见老翁要离开，便忙追至观外欲送行，却未曾料到等他快步追至观外时，早已不见白发老翁身影，只远远望见天边似乎有一点白影。小道士满脸疑惑地回到北侧庭院去取水担，准备下山继续挑水，不料却惊奇地发现刚才老翁滴水之处竟然出现了三口水井，而且井中之水清澈见底。小道士甚是欣喜,连忙俯身从其中一口井掬起一捧水喝,感觉甘甜无比。小道士此时感叹,原来这讨水喝的白发老翁是一奇人。由于这三口井两两之间大约有三步距离,所以逐渐被称为三步井。自从有了这三口井后,观中道士不再需要下山挑水了。更令人称奇的是这三口井在雨季从不溢出,旱季亦从未干涸。

——阿坝师范学院编撰委员会编写:《青藏高原环境与山水文化·汶川卷》(一审稿),2017年,第283页。

现状照

娘子岭东麓垭口现状

三眼泉现状 　　　　　　道观现状

调查成果 ■（下篇：汶川段）

①	②
	③
④	

① "银台积雪"碑
② "惠达亨衢"残碑
③ "银台神泉"残碑
④ 新"银台神泉"碑

107

古道寻珍——茶马古道在阿坝（都江堰至汶川）

柱础

108

娘子岭西麓古道

娘子岭西麓古道，位于今娘子岭山顶垭口至汶川县映秀镇之间，现存的部分长度不一、零星分布。古道经新店子、大水沟，于甘溪铺（下有详述）分南、北两条线路。

南侧古道（朝山路）沿山沟至今映秀镇治地。山腰至山顶多保留条石砌筑的石梯，石质不一。近山顶处石梯保存最好（山顶端石梯GPS坐标：N 31°04′15.46″，E 103°31′4.43″；海拔1490米）。该段石梯残长近5米，每阶宽1.2米、深0.4米、高0.1～0.2米。旧时多为散客行走所用。现为娘子岭西麓通向山顶的主要道路。

北侧古道经甘溪铺、西瓜埮、烧房沟至映秀老街村，为官道。笔者在小地名为"叫花子岩窝"处清理出两段古道：第一段（道路中段GPS坐标：N 31°07′25″，E 103°31′11.7″；海拔1413米）为砌筑的石梯道路，岩石上有人工凿刻痕迹，长约5米、宽1.7米。第二段（道路中段GPS坐标：N 31°07′29″，E 103°31′14″；海拔1410米）为镶嵌卵石的道路，长约3.7米、宽1.1米。现因烧房沟修筑泥石流防洪堤及多次地质灾害破坏，道路已无法通行。

甘溪铺、西瓜埮古道已改为机耕道（后有分述）。

相关记载

过岭，崖路迂回，山形陡变，一切似与岭东景色悬殊。远望一线长流，自对岸飞注岷江，此即上通根达桥、卧龙关诸地之二河。

——[民国]王天元著：《近西游副记》，南京提拔书店，1935年，第150页。

憩毕又肩舆，下坡路儿略快些。坎有高低，弹丸走坂须防备。最怕是狭路逢弯，肩舆簸荡在空中戏。俯视深无底，令人惊悸。猛想起，九折邛崃，有人叱驭；又想起"有胆为云"，出自《淮南》语。丈夫忠信涉风涛，胆小儿，怎步得上云梯去。况七百里路途，如瓜初蒂。千思百虑，死生有命何须计。渐渐的行来平地，抬轿人惫矣，坐轿人馁矣，映秀湾歇气。

——张宗品主编：《松游小唱绘图本》，四川美术出版社，2004年，第17页。

现状照

娘子岭西麓古道垭口

南侧古道现状

南侧古道近山脚处现状

"叫花子岩窝"古道现状

"叫花子岩窝"古道局部特写

甘溪铺

甘溪铺，又称甘（干）溪堡，是自娘子岭西麓而下的第一处驿站。铺内保留古道一段（道路中段 GPS 坐标：N 31°07′22″，E 103°30′6.5″；海拔 1323 米）。小石板拼铺路面，残长 246 米、宽 2.9 米，道路一侧有石砌水沟，宽 0.3～0.7 米、深 0.20～0.25 米。原有赵家茶坊一间，茶坊主人在此种茶、制茶、售茶。

据 80 岁李督学大爷介绍：古道经甘溪铺至西瓜埫又向左边（北方）斜下至老街（村），现道路基本荒废。此处原有山神庙一间，后毁于火灾。近几年，山上的居民已陆续搬迁至映秀镇。

相关记载

干溪堡，距城一百里。古设之，以应中滩堡，据娘子岭。注释：今映秀镇东岸半山上，古代设堡以接应中滩堡。靠近娘子岭，是一道险要关堡。

——《阿坝州文库》编委会编：《阿坝州文库·（嘉庆）汶志纪略》，卷一，四川民族出版社，2013 年，第 17 页。

干溪堡，治南一百里。汉居。注：在映秀镇老街山上、娘子岭下。

——《阿坝州文库》编委会编：《阿坝州文库·（嘉庆）汶志纪略》卷一，四川民族出版社，2013 年，第 36 页。

干溪堡，距城一百里，古设之，以应中滩堡。据娘子岭上，甚见险要，今名干溪铺。

——《阿坝州文库》编委会编：《阿坝州文库·（民国）汶川县志》卷四，四川民族出版社，2013年，第96页。

相关传说故事

甘溪铺原是茶马古道上的一个幺店子。甘溪铺人勤快，每家每户皆傍山筑屋，门前都面临岷江，耕地极少，后逼崖，前临坎，没有更多的余地，在这样的环境里他们能够把店铺安排得有条不紊，确实不容易。渐渐地就形成了一条小街，街上有十几户人家，大多都开骡马店或歇客店，专供那些上松潘或下灌县的骡马客或做生意的行商住店安歇，生意倒也红红火火。

且说甘溪铺这条街上，住着一户姓锁的人家。两口子开了一间歇客店，生意倒也过得，就是人丁不旺，直到老两口五十来岁才得一子，取学名锁龙。锁家人老来得子，自是喜得合不拢嘴，整天乐呵呵的。对于锁龙，老两口是抱在怀里怕丢了，含在嘴里怕化了。时间一天天过去，锁龙一天天长大了，老两口从不让他做家事，而且锁龙要啥必须给啥，事事迁就，事事惯他。二十大几的人了，过着衣来伸手、饭来张口的日子。

后来，茶马古道上闹山匪不太平，甘溪铺街上家家户户被山匪洗劫一空。锁龙他爹为保护家财，与山匪争抢，被山匪当场打死了。

从此，锁家母子生活就有些艰难了。凭着锁母的勤劳与持家，锁家母子的生活虽不如有锁父在世那样的好，但也不愁温饱。锁母托媒人在高山上为锁龙找了一个儿媳，没想到过门后，媳妇不仅不会持家，而且好吃懒做，很快就把原本不富裕的家弄得一贫如洗。

没讨媳妇时儿子对老娘还好,接了儿媳后,就应了那句"养儿没得祥(没意思),接了媳妇忘了娘"的古话。夫妇俩都对老娘不好不说,而且处处虐待老人。老人吃的是残汤剩饭,穿的是破衣烂衫,吃差点,穿烂点,倒也罢了,可每天还叫70多岁的老娘到很远很高的山上砍一背柴回来,弄得老人跌跌撞撞,满身是伤。加上长期饥饿,老娘瘦得皮包骨头。

一天,小两口大发"善心",要到映秀石福寺里去烧香拜佛,临走时给老娘安排了做的活路,还不准接待任何来店住的客人,又把其他食物、衣物收进柜子里上了锁。他们走后不多天,来了一个银须白发的老人,再三要求借住一晚。"你是请都请不到的客人,可是我咋个敢让你住店呢?我儿子和媳妇到映秀石福寺烧香拜佛去了,他们走时留下的食物连我自己都不够吃啊!被盖和厨房都锁了,而且还专门打了招呼,不准我接待任何来店的客人。"她推辞着说。

"你放心好了,我不吃你的,不穿不盖你的,也不需要到客房去住,随便找个地方歇歇脚就行。"银须白发老人道。

尽管银须白发老人这么说,她还是不敢答应。银须老人也很固执,就要在此借住一夜,其他地方都不去。两人一个要住,一个不敢留,说了很久,终于那银须老人死皮赖脸地进了老锁家的门。锁母实在是没办法,本来她对银须老人也有几分敬意,也就不忍心把他强行撵走。

银须白发老人住了一夜,第二天一早就对锁母说:"老人家,打搅你啰!"说完就不见了。原来他是天神木比塔!

没想到儿子和儿媳妇从映秀烧香拜佛回到家后,原本就很凶恶的儿媳妇听说家里昨晚住了一个老男人,不问青红皂白,拿起扫帚就朝老娘身上一阵乱打,打得70多岁的老娘跪地求饶,恶媳妇也不罢休,仍一边打一边骂:你这老不死的,70多岁的人了,我们一天不在家,你就敢背着我们偷老男人,偷野男人,偷情养汉,把家里东西送给那个老男人。闹得全街的人都来看热闹。

左邻右舍都来相劝:"锁龙家的,你娘不是那种女人!你这样做太过分了。你这样瞎胡闹,丢你的脸不说,还把锁家的老脸都丢尽了。"

"你怎么知道她不是这种女人，她是哪种女人？你怎么知道她不偷那老男人，难道要偷你这样的男人……"恶媳妇连珠炮似的，老娘听了，如箭穿心一样疼痛难忍，抹着眼泪上山想用绳子了结性命。就在她将头钻进索套扣的时候，那绳子"咔嚓"一声断了。她又哭着说，"老天爷啊，怎么连死你都不成全我哟！"说完，她又将绳子重新接起来，再次把绳子拴到树上，打结后，她想：这回绳子总不会再断了。就在她将头再次伸进套里，双脚离地时，又是"咔嚓"一声，但这回断的不是绳子，而是拴绳子的那根大枝丫。就在她三番五次地想结束自己性命的时候，她的儿子找来了，见此情景，儿子双腿跪倒在老娘面前，哭道："娘啊娘，不是儿子不孝，是儿没有本事养活娘，事事只能依了她啊。娘啊娘！你就看在你这无能的儿子份上，多忍忍行吗？跟我回家吧。"儿子哭诉后，母子二人抱头痛哭……

这事过去不久，恶媳妇想回娘家看看，要锁龙陪她进山一趟。锁龙自然不敢说半个不字。临走时，恶媳妇又给老娘"约法三章"，同时还定个"四不准"：不准串门、不准留客、不准多吃、不准要别人的东西。否则，就没有上次那么"轻松"。

没过几天，那个银须白发老人又来了，吓得锁母老远就关了大门。任那银须白发老人在门外好说歹说，她就是不开门。

银须白发老人说："老人家，别怕。我知道上次给你添麻烦了，让你受尽委屈。要不是我视力还行，看见你在山腰一棵大树下寻短见，两次设法弄断绳子和树枝，恐怕我现在都见不着你了。其实，你的儿子还是有良心的，只是他从小被你老两口娇惯坏了，没有学到知识与养家糊口的本领，只能像牛一样听别人使唤。"停了一会儿，他又说："我这次来没有什么给你的，这里有一件衣服你拿去穿吧，算是我对你的一点补偿。记住，这件衣服只能你穿，不能给你的儿子和恶媳妇穿。"

老妇人听了银须白发老人的话，才知道上次未死成的原因。但她还是不敢要那件衣服，最后在银须白发老人的耐心劝说下才收下了。银须白发老人走后不久，就在不远的山路上碰到了锁龙和他媳妇。银须白发老人很客气地对他们说："辛苦了！你们两位从哪里来？要到哪里去？"

"不辛苦啊！我们回了趟娘家，现在回山下的家去。"

"好好，休息一会儿嘛！"银须白发老人说完，那两口子也就坐下来休息了。他们三人在一块儿休息时，银须老人在谈话中有意地说："我要进山去，昨天走累了，到甘溪铺一位老妇人那里去借住，那老妇人不管我咋个请求都不让我进屋。她说：'吃也没有，盖也没有。我儿子和儿媳回娘家去了，走时说过四不准。'我厚起脸皮求情，也没进到屋。我见那老妇人很是可怜，就送给她一件衣服，还特别给她说了那件衣服只能她一个人穿……"

小两口听了银须白发老人的话后，心头生了一肚子的气，尤其是那恶媳妇边走边骂老人。他们急急忙忙走回家，一进门就骂道："你为啥子要人家的东西？你说！"

"我没有留客人来住啊，也没有要别人的东西。"老娘不敢承认。

"你还在狡辩，刚才有个银须白发老人已跟我说得一清二楚，你还想耍赖？"

"没有呀！"老娘还是怕说实话。

"银须白发老人说交了一件衣服给你，是不是啊？快去拿出来！"老娘无可奈何，心想，儿子和儿媳已全知道了，只好把那件衣服拿出来交给了儿媳。

恶媳妇接过衣服一看，太好看了，马上就穿起那件衣服。刚一穿上身，儿媳头上就长出两只大耳朵，屁股上又长出了一条尾巴，"哦哦，哦哦"地叫着，变成了一头黑母猪。众人都吓呆了，锁龙看了当场就晕倒了。

于是，就有了下面的歌谣：

甘溪铺啊甘溪铺，
恶媳变成黑母猪。
……

——陈晓华、陈阳天著：《汶川地名故事》，白山出版社，2015年，第78-82页，有删改。

古道寻珍——茶马古道在阿坝（都江堰至汶川）

现状照

铺内古道

古道的排水沟

出甘溪铺至西瓜垴道路现状

甘溪铺至西瓜垴古道现状

西瓜垴

西瓜垴，又称西瓜脑，位于甘溪铺西约 3 千米处（平台中心 GPS 坐标：N 31°04′12.73″，E 103°30′38.01″；海拔 1305 米）。受"5·12"汶川大地震及其后的多次地质灾害影响，已无遗迹可寻，甘溪铺至西瓜垴古道现消失殆尽。该地现有临时搭建的偏房数间，为村民种植果园时的歇脚场所。

相关记载

西瓜脑，治南九十里。汉居。

——《阿坝州文库》编委会编：《阿坝州文库·（嘉庆）汶志纪略》卷二，四川民族出版社，2013 年，第 36 页。

相关传说故事

映秀西瓜垴，是旧时灌县(今都江堰市)至松州(今松潘县)茶马古道"三垴九坪十八关，一锣一鼓到松潘"的"三垴"之一，自古即为兵家重地。

相传汉武帝平西南夷，西沟（今岷江上游地区）数百个羌族山寨群众在老虎寨人的带领下，十七年不向官府纳税。于是汉武帝不惜一切代价，派精锐部队前往镇压。虽然汉武帝的军队武器精良,粮草充足,但羌族人民不断奋起反抗,战争进行得相当激烈。附近的汉族人民听到官兵在此烧杀抢掠的行为,也纷纷怒火中烧,想要设法帮助世代生活在一起的兄弟民族。

汉武帝派兵攻打萝卜寨的时候,其南路军一支上千人的队伍从灌县到达漩口后,又兵分三路,一路走"小西路",经水磨、三江,翻牛头山向汶山郡进发;一路经映秀、银杏向绵虒进发;还有一路从娘子岭、映秀经西瓜塪、银杏、草坡,翻涂禹山向萝卜寨挺进。一日,第三路军兵士来到一个地方时,天色已晚,人疲马乏,带兵官便想在此过夜,顺便到村里抓些民夫,帮着运输粮草,再找些吃食。

事有凑巧,那几个想帮助羌族人的汉族兄弟被抓去帮助运送粮食,支援军队攻打萝卜寨。几个汉族兄弟聚在一起想办法。他们观察到这些士兵一个个饥肠辘辘,口干舌燥,猜想士兵们肯定会到地里去摘西瓜解渴。

领头的那个汉族兄弟叫马二娃,他带着几个弟兄到带兵官那里自告奋勇地说:"长官,你们走了一天的路,口很渴,我们知道村东边的那片西瓜地里瓜正熟了,我们去摘些来犒劳官兵们,行吗?"

那个带兵官听了连声道:"好好好!快去吧!"说完,又命令几个士兵随他们去摘西瓜。他们一行来到西瓜地里,几个当兵的因又饥又渴,见了西瓜就摘下来狼吞虎咽地只顾吃。马二娃他们几个趁机把三步倒(毒药)悄悄地注射进西瓜里,随那几个当兵的一起把西瓜送到军营。官军吃了后,一个个都被闹死(毒死)了。

从此,人们就把这个地方称作"西瓜闹"。战事平息后,皇帝知道了这一地名得来的原因,为不让这个地名传布千秋万代,便在用字上写成西瓜"塪"或西瓜"老",还解释成为这里曾经种植的西瓜成熟了。地名"西瓜塪"的来历,至今在映秀地区流传,并载入乡土志书,这处地名其实已成了羌汉兄弟民族团结的象征,永远记在羌汉人民的心里。

——陈晓华、陈阳天著:《汶川地名故事》,
白山出版社,2015年,第44—45页,有删改。

现状照

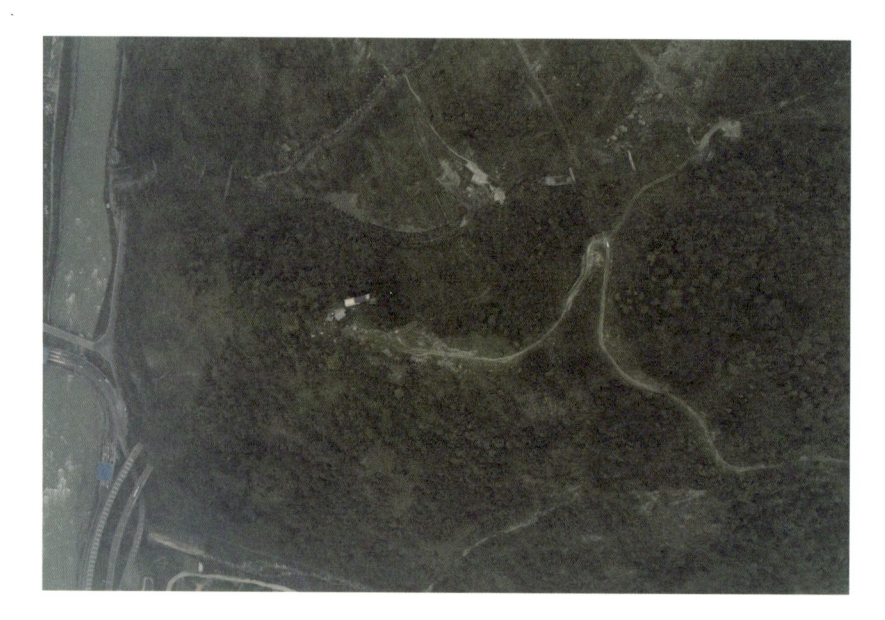

西瓜垴全景

西瓜垴与今映秀湾

调查成果 ■ （下篇：汶川段）

从西瓜塝远眺老街

从西瓜塝远眺娘子岭

123

映秀老街

映秀老街，又称映秀湾，位于西瓜墒北约3千米处，今映秀镇老街村。现保留古道两段：第一段在肖家沟南侧，第二段在杨家沟南、北两侧。其中，肖家沟古道在近山脚处保存部分古道（古道中段GPS坐标：N 31°04′57.7″，E 103°29′4.5″；海拔957.3米），由人工凿刻的块石铺砌，残长约5米，宽1.5～1.8米。现因地震等地质灾害大段被毁。杨家沟南侧古道（古道中段GPS坐标：N 31°04′1.8″，E 103°29′37″；海拔936米）由2～3列石板铺就而成，石板规格不一，残长16.5米、宽1～1.4米；北侧古道为小鹅卵石镶嵌铺成，残长20.1米、宽0.8～1米，此条道路向北通往磨子沟。杨家沟南侧原有文昌宫，仅残存部分基址。现居民大多已搬迁至今映秀镇驻地。

据村内72岁的伍富营大爷介绍：此地原为映秀湾（原映秀老街），民国时期乡所驻地，有观音阁、文昌宫等。旧时老街在肖家沟和杨家沟之间，肖家沟在南、杨家沟在北。老街背后较长一段山路因灾后重建被改为机制水泥砖铺路。从大水沟后分出两条道路，主道过映秀老街往汶川，支路过溜索、经现映秀镇往卧龙、小金方向。风斗崖上有马蹄印，城墙崖上有栈道，但目前路已改变，在"5·12"地震后山上的道路便不复存在了。

相关记载

中滩堡，距城一百里，在水田坝河西。唐时于中滩设堡、渔子溪设汛，干溪设堡，大小河建桥，有警三汛相应。唯干溪有汛兵，余今俱废。注：中滩堡即今映秀镇，在今枫香树村岷江以西。唐代设堡，渔子溪设汛地，干溪设关堡营房，岷江和渔子溪小河间架设有桥梁，这三处汛兵互相联络呼应。清代只在溪设汛兵。水田坝，今映秀镇枫香树村。渔子溪，今映秀镇渔子溪村。

——《阿坝州文库》编委会编：《阿坝州文库·（嘉庆）汶志纪略》卷二，四川民族出版社，2013年，第17页。

映秀湾，治南九十里。汉居。
水田坝，治南九十五里。汉居。
中滩堡，治南一百里。汉居。

——《阿坝州文库》编委会编：《阿坝州文库·（嘉庆）汶志纪略》卷二，四川民族出版社，2013年，第36页。

涌山寺，在映秀湾。唐时大刹，久废，今修。

——《阿坝州文库》编委会编：《阿坝州文库·（嘉庆）汶志纪略》卷二，四川民族出版社，2013年，第42页。

映秀驿，在治南九十里。

——《阿坝州文库》编委会编：《阿坝州文库·（民国）汶川县志》卷四，四川民族出版社，2013年，第93页。

映秀湾铺，在治南九十里。

——《阿坝州文库》编委会编：《阿坝州文库·（民国）汶川县志》卷四，四川民族出版社，2013年，第94页。

河口中滩铺，有水田几十亩，是汶川境内惟一的产稻的地方……

岭脚映秀湾，名副其实。有高升店，前清丁宫保——四川总督——巡边时曾经住此……

映秀湾是筏子的终点。

——[民国]王天元著：《近西游副记》，南京提拔书店，1935年，第150页。

映秀湾，地处娘子岭脚下，岷江河畔，河道弯曲，旭日东升，交相辉映，映射出秀丽的美景得名。老街大队驻地。

——汶川县地名领导小组编印：《汶川县地名录》，巴中县印刷厂，1982年，第50页。

相关传说故事

老街村

映秀老街在形成老街道之前，是一座美丽的羌寨。汉武帝时，西川平原边地人群陆续来到这里，慢慢形成了二三十户人家的一条小街，因年代久远，称之为老街。

老街位于岷江上游岸边。古时寨里有一位英俊的后生，名叫映青山。他为人勤劳朴实，很会唱歌，二十岁了，还未讨到老婆。他的姑表姐妹多次上门提亲，他都不答应，到处寻找他的意中人。

他有个老朋友，名叫杨老三，是汉族人，以修鞋补锅为生，走遍了羌乡村寨，对羌家的大小事情都很熟悉。他知道映青山未成婚，心里也很着急。一天晚上，二人在木楼上乘凉，杨老三对映青山说："青山啊！河边的木排排连排，不知你爱放哪一排？古寨附近的漂亮姑娘多又多，不知你中意哪一个？"

映青山说："老三哥！木排几百排，随便哪一排我都愿意放；姑娘几百个，没有一个留在我的心上。"

杨老三知道青山没有情人，就说："我走过百里羌乡，见过无数的姑娘。在我老家紫鹃城（今郫县）那个地方，有一位十七八岁的姑娘名叫常绿水，心灵手巧，会绣花会唱歌，人家都称赞她白得像朵山茶花，美得像十五的月亮。如果你愿意，我可以带你到那里去走访走访……"

映青山听杨老三这么说，心中掀起波澜，便向父母请求，放一张木排到紫鹃城，一来看看大地方；二来嘛，这事情在父母面前不好直说。

人说五月倍加忙，收完麦栽完秧，农事稍闲，河水上涨，正是放排的季节。映青山跟着杨老三，架起木排，顺水流而下，到平原上的紫鹃城去，还邀请了好友王奇一块去。经过一天多时间，来到了环山子地界的水码头，只见两岸杉树绿绿，竹林青青，半坡上有三四座吊脚木楼的房子。杨老三指着那些房子，对他俩说："那就是紫鹃城。我们在滩头停排上岸吧！"

凑巧，杨老三的朋友李才正在河边打鱼，旧友相逢，亲热得很，经过一番攀谈，李才便留映青山一行到家里做客。当晚，他们住在李才家里，李才拿鲤鱼、烤鸭、糯米饭和糯米酒来招待他们。多次推杯换盏过后，李才问杨老三："你是修鞋补锅，不是放排的，这两位朋友年轻帅气，也不像放排做生意的，说实话，你们到底要去哪里？"

朋友面前不说谎，杨老三把放排的来由从头讲给李才听了。李才拍着大腿说："好！好！好！绿水是我的表妹，我一定相帮就是了。"

吃过晚饭，杨老三上床休息，李才带着映青山和王奇去常绿水家。只听紫鹃城到处是歌声、琴声和琵琶声，他们穿巷绕屋，不见哪家开门。深夜了，他们来到绿水的家门前，伸手推门门又紧，开口喊门没回音。李才

对映青山说:"你把肚里最好的歌唱出来吧,只要有好歌声,不怕不开门。"这时,王奇吹起羌笛,映青山唱起山歌:

姐家门前一溜坡,人家走少我走多;
铁打草鞋穿烂了,门前石板成灯窝。

常绿水一听就知道不是本地后生唱的,她推开窗子来看。李才趁机对她说:"表妹,他俩是羌寨来的远方客人,想请表妹开门。"绿水也用山歌唱道:

不见阿哥心不甘,春不到来化不开;
如果阿哥想绿水,请你快快进门来。

映青山一进门,不论是问候还是找板凳坐、找水喝,全部都是唱歌。绿水对答如流,心中暗暗看上远来的映青山,她抬眼一望,见映青山眉清目秀,一表人才。而映青山早听说常绿水的美貌,如今坐在跟前,越看越觉得像天仙。歌手遇上歌手,越唱歌越多,越唱越有情,不觉之间鸡啼声声。李才见是时候了,对青山说:"你在这里吧!我俩到别家走走。"说罢,拉着王奇出去了。

屋里只剩下映青山和常绿水,娓娓歌声,绵绵细语,二人互吐知心话,彼此都找到了意中人。鸡啼五遍,还是难舍难分,为了表示决心,映青山脱下保命手镯,常绿水脱下项圈,互换定情信物,定下终身。约定在八月十五月圆时,再来接新娘过门。

映青山在吊脚楼住了三天,辞别了情人和朋友,和王奇高高兴兴地回到了羌寨。

常绿水的父亲听说女儿要远嫁,死不同意,硬要女儿嫁到舅舅家。绿水又死不愿意,惹得父亲骂道:"天下的女子有几个不嫁到舅舅家?你若不听话,往后不要进我的家……"光骂不要紧,父亲与舅舅约定,在八月十五以前,把绿水接过去,到那时,管你青山黑山,也没办法。

迎娶的日子快到了,父亲对女儿威逼更厉害,监视更严,不准外出,不给吃饱。绿水气得头不梳,饭不吃,心乱如麻,直想吃根断肠草了却一生,但又想到映青山回来不见人,他会多么伤心!因此,她还是吃了东西活下去，能见一面死也甘心。那天，她爹爹把她关在楼底，她娘要她煮牛皮来浆布。她看见锅里一块块松软的牛皮，夹一块送进嘴里充饥。这时门口响起了脚步声，她怕是她爹来了，急忙把牛皮咽下。谁知牛皮没吞下，又吐不出，堵塞了喉咙，喘不过气，一时昏死在地上。她娘抱住她号啕大哭，左邻右舍跑过来，都认为绿水是服毒自杀。她爹后悔不已，但事到如今也没办法，只好找来端公先生看时辰，立即装棺。按紫鹃城旧习，年轻人死后不能葬入坟地，要停棺在野外，待若干年才入土。她娘可怜女儿，把绿水的新衣裙、银首饰和布匹一起装进棺材里。李才是亲戚，送葬那天也去抬棺。他想到映青山回来，说不定要去看绿水，便悄悄用凿子在棺材的一头打了个洞，想等映青山来了，不用开棺，从洞口看上一眼也就算了。

在绿水死后的第三天，映青山来到了紫鹃城。他先去找李才，李才把绿水死的消息告诉了他，映青山万分悲伤地痛哭起来。他要李才带他去看绿水的尸体，并买来了香烛、纸钱、熟肉和米酒等供品，前去拜祭。

为了避人耳目，两人黄昏出发。那天是八月十二，月亮出来时他们才赶到野外，只见一棵大树下停放着绿水的棺材。映青山摆出祭品，双膝跪地，边哭边诉："绿水呀！是命苦啊还是无缘？原先我俩早讲定，八月十五来团圆。谁知迟到人不见，你就长眠在这荒山边。你闭目不知倒容易哟，丢下我孤凄六十年……"映青山越哭越伤心，李才在一旁陪着抹泪，劝映青山看一眼就回家。映青山爬到棺材洞口往里瞧，却听到棺材里发出微弱的声音："青山哥！救我哟！"映青山很吃惊，喊李才过来听，李才认为绿水成了僵尸鬼，回头就跑；映青山虽然头发都竖了起来，但爱绿水心切，壮着胆子和棺内对话，是人是鬼要看个明白。

映青山心想：听人说僵尸鬼见人就抓手，四肢冰冷，吃食不知香臭，就找来一根抬棺材丢下的粗绳，一头捆住棺盖，一头拿在手里，爬到树上用力拉。棺盖拉开了，水妹起不来，因为她身上压有许多衣服布匹。映青山搬开布匹，把她轻轻扶起，摸她的手是暖的。绿水说口渴，映青山去舀塘里的臭水给她喝，绿水说："青山哥，你真傻，臭水我不喝。"映青山放心了，跑去找来一桶井水。绿水喝了水，说肚子饿。映青山说："绿水妹啊！你想吃什么，饭菜酒肉都有。"他就动手切肉，月光下，祭品当晚餐，两人吃个饱。绿水告诉青山："我不是自杀，是吃牛皮卡喉，后来牛皮吞下去了，醒过来就睡在棺材里。幸亏棺材上有个洞口，不然真会憋死了……"映青山听后喜出望外，要拉绿水先去谢李才，再看看爹娘，然后回羌寨成婚。

绿水说："爹爹逼嫁，不能回家，不如连夜私奔，不让旁人知道。"映青山觉得绿水的话有理，就同意了。两人收拾棺材里的布匹、衣裙、银首饰，得了一大包"嫁妆"，踏着月光，向羌寨而去。从此他们结成恩爱夫妻，日子过得很美满。

日子好过不知久，一晃就是七八年，他们生得一对儿女，男的叫映月，女的叫映影，都很聪明伶俐。有一天，映影问道："娘！别人都去外婆家，我们有外婆吗？"这一问勾起了绿水对爹娘的思念，她和青山商量，决定带着儿女去探望外婆。

五月端阳节前一天，夫妻和孩子带上鸡鸭、酒肉、糯米粑粑等礼物，来到了紫鹃城。因路上耽搁，进城时已是晚饭过后了。走到外婆家门口，绿水拍门叫喊："娘！开门。"

"你是哪个？"

"我是绿水呀！"

"我家绿水早死了，不要来吓人！"娘听说是绿水，又惊又怕，怕是僵尸鬼来拍门，又补上一句，"明天一定拿猪头三牲敬你"。

"我不要猪头三牲，我要爹娘，快开门呀！"绿水听见娘的声音，急得边哭边喊。这时映青山和李才也到门口来了，经李才一番解释，爹娘才相信她的话开了门。

一进家门，母女抱头痛哭。爹爹搂着两位外孙泪如雨下，说了很多很多抱歉的话。第二天，紫鹃城里很多人都跑来看这个死了八年的"僵尸鬼"。

从此，这个生死重逢的故事，传遍了紫鹃城和古羌山村寨，直到如今。这就是老街村的民间故事传说。

——陈晓华、陈阳天著：《汶川地名故事》，白山出版社，2015年，第135—149页，有删改。

现状照 ……

肖家沟南侧古道

调查成果 ■（下篇：汶川段）

古道寻珍——茶马古道在阿坝（都江堰至汶川）

杨家沟

杨家沟古道与现国道　　　　　杨家沟尾明洞

杨家沟北侧古道 　　　　　杨家沟南侧古道

调查成果 ■ (下篇：汶川段)

①老街全景
②由老街至磨子沟（南向北）
③从老街远眺西瓜埇(北向南)
④从老街远眺豆芽坪(北向南)

133

豆芽坪

豆芽坪，又称豆耳坪，位于老街村北约3千米处。今无人在此居住，无遗迹可寻。据行人及附近居民介绍：从老街到豆芽坪、麻柳湾基本近山脚而行，旧时豆芽坪好像有几户人家，如今已不见踪迹。今豆芽坪和麻柳湾相距不远，但附近居民的介绍有较大出入，已无法确定具体的地点。

相关记载

经过豆芽坪，复经麻柳湾。东界垴，无可观，东倒西歪几家茅店。豆芽、银杏与兴文，此三坪实无留恋。

——张宗品主编：《松游小唱绘图本》，四川美术出版社，2004年，第21页。

现状照

疑似豆芽坪现状

清水驿

清水驿，又称清平驿，位于豆芽坪北约 2 千米处（现代涵洞桥上 GPS 坐标：N 31°06′57.83″，E 103°29′28.76″；海拔 975.8 米）。现清水驿西侧是都汶高速公路，下方为水泥砌筑的涵洞，溪水自山脚流入岷江，已无遗迹可寻。

据 63 岁的冯婆婆介绍：原古道经麻柳湾，沿山脚而行。在此有几间幺店子，卖豆花饭。沟渠处原有"小桥流水"石碑一通，因修高速公路和沟渠，被掩埋。山坡上原有普圣宫一间，大概在 20 世纪六七十年代荒废，"5·12"汶川大地震后完全垮塌，已消失。

现状照

清水驿全景

"小桥流水"题刻遗址

清水驿现代沟渠

东界垴

东界垴，又称棕荐脑（垴）、中界垴，位于清水驿北约 0.5 千米处（村落南端 GPS 坐标：N 31°07′3.22″，E 103°29′32.04″；海拔 998.6 米）。"5·12"大地震后，居民分两部分整体搬迁至映秀镇，后逐有几户人家渐搬回东界垴临河处。原址今已无人居住，仅有未完全倒塌的瓦房和新搭建的简易木棚，作为附近居民来此种地、养蜂的临时歇脚点。

据 71 岁的余德秀婆婆介绍：经豆芽坪、东界垴、皂角湾，可至兴文坪。东界垴原有街道，有房屋数间，以瓦房为主，现已和成阿公路重合，部分又被映秀湾电站占据。

在此特别要注意的是：《青藏高原环境与山水文化·汶川卷》中记载的普圣宫及"小桥流水"在东界垴，而据寻访的三位本地居民介绍在清水驿。另，嘉庆《汶志纪略》、民国《汶川县志》中记载清水驿与东界垴仅相距一里，无普圣宫及石刻记载，二者间存在较大差异。根据实地踏查，东界垴并无溪流，仅清水驿有小溪一条，故推测主要情况有二：其一，文献记载错误，普圣宫及"小桥流水"石刻应在清水驿；其二，居民对东界垴和清水驿两处地方未进行细分，均认为清水驿就是东界垴。

相关记载

原名中界垴，是原茶马古道上灌县与汶川驿站送信交界之地，也是"三垴九坪十八关"三垴之一。此地一巨石上本有"小桥流水"字样石刻，但可惜的是被都汶高速修建时的渣土所掩埋。关于此石刻为何人何时所刻，已难以考证，曾有好事之人为此写了一首打油诗："小桥流水桂花香，村里有个幺姑娘。一不招来二不嫁，留在屋里说鬼话。"

——阿坝师范学院编撰委员会编写：《青藏高原环境与山水文化·汶川卷》（一审稿），2017年，第71页。

普圣宫地处汶川县银杏乡东界脑村东侧山腰，都汶高速路旁。因为该庙主要供奉普贤菩萨，所以名为普圣宫。

据村里老年人讲，该庙建成年代久远，建筑用材都是由材质紧密且耐风化的合抱粗的马桑树加工而成。整个庙宇共有三间殿，每间殿各供奉高约七八尺座式塑像三尊，普贤菩萨居中。该庙还有一棵三个成年人牵手合围般大小的古槐树，沧桑的古树根几乎串满了整个庭院，树干高大挺拔，树冠浓密巨大，层层伸展的枝叶几乎可以覆盖住整个古庙，在原老茶马古道之上，从灌县至松潘都再难寻第二株。在古槐树的巨大树冠中间，还有三个怀抱般大小的鸦雀之巢。来此烧香拜佛的香客信众们，还常常看见半指长的巨大蚂蚁群排成一条线在古树上爬上爬下。曾传闻有到此处抢劫的土匪以古槐树为靶练习射击，但因此树皮厚，就连子弹都未射进。令人惋惜的是，这棵稀世古槐树在人民公社时期不幸被砍伐。每逢重大节日和普贤菩萨生辰，前来该庙烧香拜佛的香客众多。2008年该庙因受汶川大地震影响而垮塌。地震后，信众筹钱在原址上重建了两间简易房。

——阿坝师范学院编撰委员会编写：《青藏高原环境与山水文化·汶川卷》（一审稿），2017年，第289页。

现状照

东界垴全景

从东界垴远眺太平驿（南向北）

调查成果（下篇：汶川段）

太平驿

太平驿，位于东界垴北约 0.8 千米处（现砂石场空地中心 GPS 坐标：N 31°07′30.1″，E 103°29′41.29″；海拔 991.2 米）。今为砂石加工厂，西侧山坡上有简易棚屋两间，无遗迹可寻。

据 84 岁的石邵云大爷介绍：古道顺山脚而行，"5·12"大地震后垮塌，被掩埋。此地原有土神观，还有客栈、店铺，都早已消失，原住户也分迁至东界垴、老街村等地，沿此沟翻过山梁就到都江堰了。经与地图核实，该沟确与今都江堰龙池镇国家森林公园相连，二者直线距离约 6 千米。

相关记载

南岳庙，在治南太平驿。

太平寺，在治南太平驿。

——《阿坝州文库》编委会编：《阿坝州文库·（嘉庆）汶志纪略》卷二，四川民族出版社，2013 年，第 42 页。

太平驿沟，在治南七十里，最深，四五里内，尚有居民。可以通茂之马厂及佛堂坝沟。明末，献贼陷成都，将掠松、茂等州，兵至彻底，地险守御严，不得过，乃由太平驿沟进，绕出佛堂坝。已越彻底，由是乃得至茂。后从石泉一路归。

——《阿坝州文库》编委会编：《阿坝州文库·（民国）汶川县志》卷一，四川民族出版社，2013 年，第 22 页。

太平驿：汶川南，银杏。

——杨正泰著：《明代驿站考》，上海古籍出版社，2006年，第48页。

太平驿，位于汶川县银杏乡东界脑村东北方向约0.94公里处，地理位置为北纬31°12′，东经103°49′，海拔1163米。民国时，彭县黑窝子（今彭州市新兴镇）土匪来抢劫，从太平驿过来，新中国成立前后那几年都有，多是晚上过来，几十人，带枪带刀，抢马帮，让百姓把物资背上山。1947年，土匪抢财抢肉，点火烧房，烧了两个组（东界脑、清水驿），匪徒连烧焦的米也吃，并胁迫老百姓从映秀运送豆浆馍馍供其充饥。

——阿坝师范学院编撰委员会编写：《青藏高原环境与山水文化·汶川卷》（一审稿），2017年，第139页。

现状照

太平驿的砂石厂

太平驿全貌

兴文坪

兴文坪，位于太平驿北约3千米处，今银杏乡兴文坪村和一碗水村一组交界处（现银杏小学门口GPS坐标：N 31°08′36.28″，E 103°29′7.24″；海拔990.3米）。古道原被国道（G213、成阿公路）覆盖，"5·12"汶川大地震后国道改线，古道成为村内道路。现古道两侧为居民震后搬迁安置点。

据76岁的罗婆婆（村内三官庙管理者之一）介绍：此段古道从太平驿开始直到梭坡店，全都是沿山脚而行，只有途经小羊子岭时需翻山，下山到一碗水，一碗水原有关口，因地震垮塌了。随后再上坡到梭坡店。此处原有三官庙和文昌宫，现三官庙已搬迁，文昌宫已毁。

相关记载

云岫宫，在治南兴文坪。

——《阿坝州文库》编委会编：《阿坝州文库·（嘉庆）汶志纪略》卷二，四川民族出版社，2013年，第42页。

兴文坪两岸都是大坪，在这山缝里很难得。听说，原来这地方还可称热闹，自从光绪二十九年被红灯教烧过以后，至今尚未复原。

——[民国]王天元著：《近西游副记》，南京提拔书店，1935年，第152页。

兴文坪，当地人视牛沟山梁像笔架，多中举人得名。

一碗水，此地有一天然水井，清澈凉爽，除本村用外，因地处要道，常有过路行人借碗喝水得名。

——汶川县地名领导小组编印：《汶川县地名录》，巴中县印刷厂，1982年，第54页。

现状照

古道现状

古道寻珍——茶马古道在阿坝（都江堰至汶川）

①俯瞰兴文坪
②从小羊子岭远眺兴文坪（北向南）
③从兴文坪远眺梭坡店（南向北）

梭坡店

梭坡店，又称苏坡店，位于兴文坪北约 2 千米（现村落街道中段 GPS 坐标：N 31°09′52″，E 103°29′25.82″；海拔 1043.1 米）。村内仅有固定住户 3 户，"5·12"汶川大地震后搬迁，之后又回迁于此。现古道已被原国道（G213、成阿公路）覆盖，无遗迹可寻。通往小羊子岭的古道及寺庙亦已消失。

原古道附近有"一碗水"石碑一通，现搬迁至 317 国道一碗水隧洞北洞口处（碑前 GPS 坐标：N 31°09′22.93″，E 103°29′16.01″；海拔 1023.1 米）。石碑为天然三角形岩石，高 1.6 米，最宽处 1.1 米，竖书"一碗水"。

据村内 85 岁的董婆婆和 83 岁的李婆婆介绍：茶马古道的此段道路沿山脚而行，1952 年修成阿公路时将老路及今"一碗水"石碑处（当地人称小水岩）的关门损毁。小羊子岭山顶处原有寺庙（三清殿），因山高路远，20 世纪五六十年代就逐渐荒废了。传说孙二娘母女在此开店，因地势较陡、易滑而取名梭坡店。

相关记载

三清殿，在治南小娘子岭，距城五十五里。

——《阿坝州文库》编委会编：《阿坝州文库·（嘉庆）汶志纪略》卷二，四川民族出版社，2013 年，第 42 页。

现状照

一碗水石刻全貌

石刻中部特写

石刻头部特写

银杏坪

银杏坪，位于梭坡店北约2千米处（现村口南端GPS坐标：N 31°10′39.3″，E 103°29′38.59″；海拔1059.3米）。原分上、下银杏坪，今统称上银杏坪村。受"5·12"汶川大地震影响，山体大面积垮塌，古道已无遗迹可寻。居民已分散搬迁至银杏乡各地。

据村内留居群众介绍：梭坡店至此的古道沿山脚而行，现在已被公路（指国道213线）所占，"5·12"汶川大地震后全部垮塌。原村东沟尾曾经有玉矿可采，新中国成立后无人开采，早已荒废。

相关记载

银杏坪位于一条小溪的口上。溪深二十里，源尽处岩中产玉，以绿色半透明的为最佳，琢成手镯，每对可值价五两银子。街上有玉铺五六家，一般人所称的"灌县玉"，就是这里的玉石。

——［民国］王天元著：《近西游副记》，南京提拔书店，1935年，第153页。

古道寻珍——茶马古道在阿坝（都江堰至汶川）

现状照

①	
②	③
④	

①银杏坪全貌
②银杏坪冲沟现状
③从银杏远眺沙坪关（南向北）
④从银杏坪远眺梭坡店（北向南）

沙坪关

沙坪关，又称沙平关、沙坝关，位于银杏坪北约4千米处（岔路口关门遗址崖下GPS坐标：N 31°12′18.36″，E 103°29′47.32″；海拔1057.7米），今属银杏乡沙坝村，附近无人居住。古道沿山势而行，与现地面（原成阿公路）垂直高差约10米。连山坡（银杏坪北约3.5千米）至沙坪关残存零星古道，石板（块）铺面，但受"5·12"汶川大地震影响，基本淹没于乱石中，保存状况极差。关口在修筑成阿公路时被毁，关口北与罗圈湾隔沟而望。岔路口处现设水泥搅拌站。

据银杏村内居民介绍，此沟可直通阿坝州外，旧时匪患猖獗，故在此设有关卡，新中国成立后逐渐荒废。经与地图核实，该沟可与今都江堰白沙社区相连。

相关记载

沙坪关，距城四十五里，唐设之以御骏马泉沟口者。清废。

——《阿坝州文库》编委会编：《阿坝州文库·（民国）汶川县志》卷四，四川民族出版社，2013年，第96页。

沙坪关沟，在治南四十五里，俗称罗圈湾沟，通白龙池，路差平，灌彭匪徒之扰汶境者，常取道于此。

——《阿坝州文库》编委会编：《阿坝州文库·（民国）汶川县志》卷一，四川民族出版社，2013年，第22页。

沙坪关，此地因有河水冲积的一个大河滩，解放前设过关卡得名。沙坪关大队驻地。

——汶川县地名领导小组编印：《汶川县地名录》，
巴中县印刷厂，1982年，第55页。

沙坪关位于岷江东岸，距彻底关仅约3公里。清代防御银杏乡沙坪关沟坏人出入而设。

——阿坝师范学院编撰委员会编写：《青藏高原环境与山水文化·汶川卷》（一审稿），2017年，第137页。

现状照

古道现状

①
② ③

①沙坪关及关口全貌
②从沙坪关远眺彻底关（南向北）
③从沙坪关远眺银杏坪（北向南）

调查成果（下篇：汶川段）

彻底关

彻底关，又称澈底关，位于沙坪关北约5千米处（大致彻底关遗址GPS坐标：N 31°13′29.61″，E 103°29′14.1″；海拔1091.5米），今属银杏乡沙坪关村。此段古道是受"5·12"汶川大地震影响最严重的区域之一，山体大面积垮塌，无任何遗迹可寻。地震后，国道及都汶高速在沙坪关附近架设现代桥梁，改道至对岸（岷江西岸）。作为史上重要关隘的彻底关早已不见踪影，但凝视此段波涛汹涌的岷江，笔者还能感受到当年险峻之地的气势。

相关记载

沙坪关与澈底关都是一边靠崖，一边临水的陡路，有一夫当关之险，松潘出来的"茸帮"（鹿茸商）、"香客"（麝香帮）到此小心——谨防遇匪。

——［民国］王天元著：《近西游副记》，南京提拔书店，1935年，第153页。

经沙湾过罗圈，行来彻底关。关门朽烂，风雨飘摇剩一椽。更兼着阴岩绝壑天容惨。锁不住寒溪水，昼夜潺湲。坡下小亭骖，吹起炊烟，向来照例该尖站。

——张宗品主编：《松游小唱绘图本》，四川美术出版社，2004年，第21页。

彻底关，岷江水流在此处被河流东西两岸高大陡峻的山脉拦住去路，就像高山彻底插入河道一般，是原茶马古道必经的重要隘口，故而称为彻底关。彻底关地势极为险要，《汶川县志》曰："彻底关，治南四十里，峭壁千寻，飞涛百丈，为松茂第一要隘。清代设之以盘诘汉羌番民之出入者也。"清代茶盐为国家专卖，不允许营私倒卖，同时也盘查弓箭枪炮，禁止私藏捣乱。

——阿坝师范学院编撰委员会编写：《青藏高原环境与山水文化·汶川卷》（一审稿），2017年，第137页。

现状照

古道现状

彻底关原古道所在位置（人立处）

福堂坝

福堂坝，又称佛堂坝，位于彻底关北约2千米处，今属银杏乡桃关村。部分古道现被国道（G213、成阿公路）覆盖，另一部分受福堂坝电站影响，已完全消失。近山脚处由南向北分布有摩崖石刻两龛（石刻处GPS坐标：N 31°14′0.2″，E 103°29′42.6″；海拔1105.8米）。南龛呈长方形，高0.18米、宽0.1米，内刻观音像，头戴花冠，着璎珞，立于莲台上。北龛呈桃形顶，高3.7米、宽4.1米，内刻一佛二菩萨二弟子，中心佛像高3.4米，高肉髻，着僧祇支，手印不可辨，立于莲台上；菩萨像高2.66米，头戴花冠、着璎珞，立于莲台上；弟子像高2.3米，赤足站立。根据佛像服饰及面容等判断，此处造像属宋代佛像，现为汶川县文物保护单位。

福堂坝沟北侧新发现一处摩崖石刻"临渊庐"（石刻下河床GPS坐标：N 31°14′5.4″，E 103°29′43.4″；海拔1105米），该处原小地名为"临渊沱"，2019年复查时已被泥石流冲毁。

福堂坝电站机房处山崖原有葬骨所（行人客死异乡埋葬之所），已消失。

现福堂坝电站厂区北约500米有摩崖石刻："山高水□"（石刻下GPS坐标：N 31°14′34″，E 103°29′30.9″；海拔1104米），石刻距地表高度约5米。

相关记载

佛堂坝沟,在治南三十五里,深而平易,居民较少,有田土可耕植。

——《阿坝州文库》编委会编:《阿坝州文库·(民国)汶川县志》卷一,四川民族出版社,2013年,第22页。

佛堂坝附近有一石岩,岩上有三尊佛像,最高的有2米,故名。佛堂坝沟内有多条小沟,长河坝沟、红岩沟、梯子沟等,所有沟的水都注入佛堂沟,故佛堂沟常年流水,最后注入岷江。岩上有三尊佛像。据传是宋代所刻,有上千年历史。传说佛像周遭藏有大量金银,有"头顶三千,脚踏八百"之说。有一路过此地的行人看见一群鸡,心中冒起一股贪恋,于是就顺手抓了一只塞在怀里,结果后来再从怀里取出来时,发现偷来的鸡竟然变成了一块白银。主佛高3.14米,头饰螺髻,身着圆领下垂袈裟,双手交置腹前,站立于莲花座上,左右侍立二菩萨二弟子。2号龛高0.18米,宽0.1米,深2厘米。龛内刻观音菩萨像,头戴宝冠,身着天衣饰缨珞,足踏莲花座。两龛相距3米。佛堂坝的造像为研究该区域宋代摩崖石刻艺术及宗教历史提供了重要的实物资料。

——阿坝师范学院编撰委员会编写:《青藏高原环境与山水文化·汶川卷》(一审稿),2017年,第260页。

现状照

福堂坝全貌

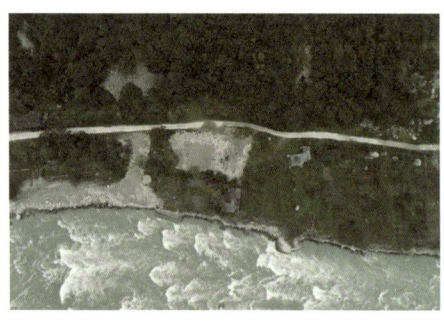

古道现状

福堂坝摩崖石刻（观音像）

福堂坝摩崖石刻
（一佛二菩萨二弟子像）

"临渊庐"石刻　　　　"山高水口"摩崖石刻

从福堂坝远眺彻底关（北向南）

从福堂坝远眺桃关（南向北）

桃关

桃关，又称陶关，位于福堂坝北约3.5千米处（现沟口国道交汇处GPS坐标：N 31°15′9.23″，E 103°29′10.74″；海拔1140.9米），今属银杏乡桃关村。古道被原国道（G213、成阿公路）覆盖，"5·12"汶川大地震后国道改道，成为村内道路。在村口北约300米处的近山脚处（小地名"沙坝"）保留部分古道（古道南端GPS坐标：N 31°15′14.17″，E 103°29′3.35″；海拔1141.5米）。古道残长776.8米、宽1.5～2米，部分路段有石砌台阶。旧时附近有索桥，过桥可以通耿达（今属小金县），故常有重兵把守。清乾隆平定大小金川时，曾在此屯兵、设粮草站。根据地图，在桃关附近并无可通往耿达的道路，只在据此北3千米处的草坡索桥有可通耿达的道路。故推测草坡索桥才是记载中描述的索桥。

据77岁的刘宗华大爷和73岁的刘婆婆介绍：桃关并无关隘，只有彻底关有关隘。村内古道在修成阿公路时被占用，彻底关古道在"5·12"大地震后消失。沙坝还有一段古道。旧时此地设有关卡，原有索桥可直通耿达。

相关记载

绳州旧治，在桃关，梁普通年置，后废。注：即绳州旧州城，在桃关（今银杏乡桃关村），南北朝时期南朝的梁武帝普通年间设置，后来撤销。

——《阿坝州文库》编委会编：《阿坝州文库·（嘉庆）汶志纪略》卷一，四川民族出版社，2013年，第3页。

《蜀水经》曰：桃关本名陶关，明初四川都司遣兵修桥梁及关。汶川土人孟道贵集部落拒阻于此。有索桥横江，为金川要隘。

《寰宇记》曰："梁普通三年，于桃关置绳州，取桃关之路，以绳为桥"。

——《阿坝州文库》编委会编：《阿坝州文库·（嘉庆）汶志纪略》卷一，四川民族出版社，2013年，第18页。

桃关，在治南三十里戴家坪索桥之下十里。清乾隆四十一年，两金荡平，辟地千余里，安设新疆、崇化、抚边、绥靖、庆宁五营。关当中外之交，分驻县丞一贯（按：应为员），特设把总一员，兵丁三十名，分防口外五塘。乾隆五十四年，奉裁县丞，将典史移住。（按：清乾隆四十一年，乾隆帝打金川平息"两金"反叛，新安设五处军营，设置军政官员和驻军守卫。桃关为里外之交，分驻县丞、把总、军兵，防卫"口外"五塘。乾隆五十四年撤销县丞，将典史驻扎桃关。）

——《阿坝州文库》编委会编：《阿坝州文库·（民国）汶川县志》卷四，四川民族出版社，2013年，第96页。

桃关索桥，旧称太平桥。旧志云：太平桥，一曰铃绳桥，在治北关内，通瓦寺番地。桥以绳为之，而悬铃其上，其绳以细竹为心，外裹篾索，长四十八丈。索用三股，合为一股，圆一尺五寸。桥宽八尺，左右各四绳，旁有木栅翼之。栏杆之底有横木相扶。底用一十四绳，上铺密板，可渡牛马。东西岸约五十步，平立两柱，柱长六丈，谓之将军柱。柱有架梁，绳绕梁过，使不下坠。东西各建层楼，楼下各立大柱以系绳。岁时修补。

——《阿坝州文库》编委会编：《阿坝州文库·（民国）汶川县志》卷四，四川民族出版社，2013年，第89页。

桃关当桃河口，原有一百多户人家，清时设讯于此。光绪时，桃河暴涨，冲得桃关片瓦不存，听说，只逃脱一员汛总，至今"水打桃关"四字还在民间故事中活动。水灾而后，桃关汛终未恢复，加之成松道上日渐萧条，于是桃关的繁荣从此终止。去年又遭一次大火，而今只剩瓦房一院与临时搭起的十数家草棚而已。桃关对岸已是瓦寺土司领地。

……………

离桃关不远，有"崖鼻"遮道，穿鼻，凿开一门，额书"人力所通"四字。自此而上，更见有山皆岩，有岩皆陡，紧逼江流，水面呈油滑状。

——［民国］王天元著：《近西游副记》，南京提拔书店，1935年，第154页。

桃关关上种胡桃，桃树桠槎都合抱。酒肆茶寮，往来商贾蜂衙闹。十年前，此地游邀，曾记得斜阳晚眺，见几处门楣真不小，退光匾，驷马门高，泥金额"永锡难老"皇恩旌表。吾宗此地有人豪，是西来佼佼。何事恁萧条？询方知，年逢庚寅，我辈朝考。匝地起波涛，雷轰电闪扫，江翻海倒，烟笼雾罩，人语乱喁嗷，鱼鳖登床蛙上灶。顾不得扶老携幼，哭声嗥啕，把足足的一千人，断送在蛟龙腹饱。我来此地重悲啸，白茫茫寒烟衰草，风景甚习骚。抵一篇古战场文，无此凭吊。

——张宗品主编：《松游小唱绘图本》，四川美术出版社，2004年，第25页。

桃关位于口内和口外之交，是岷江东岸汉族聚居地区和西岸藏羌民族地区的重要关口，在现今银杏乡桃关村北岷江边。秦汉时桃关便设，《元和郡县志》记载"故桃关，在汶川县城南八十二里，远通西域，公私经过，惟此一路，关北当风穴，其一二里，昼夜起风，飞沙扬石"。《通典》和《太平寰宇记》均记载桃关附近有绳桥。1776年乾隆皇帝平定大小金川初胜，为加强对大小金及其周边地区的控制，分驻县丞、把总、军兵，防卫口外五塘。今有崖壁刻诗《入桃关》，相传为清代一大将军领兵征金川归来所刻："坚碉林立万重山，破险冲锋历艰难。奏绩都资军将力，红旗一道入桃关。"

此处核桃较多，历来又建有关卡，故得名。属于藏、汉、羌聚居地，经济来源以农业、餐饮服务、交通运输、劳务输出为主，在2008年的汶川"5·12"特大地震中，有31位村民不幸遇难，4人重伤，20人轻伤。

土地损失超过200亩，113户农房在地震中成为废墟、39户农房严重受损，直接经济损失达6000多万，是受灾最为严重的村庄之一。地震后的桃关村各处山体垮塌严重，次生灾害频频发生，灾后重建工作存在巨大困难和挑战。

——阿坝师范学院编撰委员会编写：《青藏高原环境与山水文化·汶川卷》（一审稿），2017年，第260页。

现状照

桃关村全貌

沙坝古道局部

调查成果 ■(下篇：汶川段)

古道寻珍——茶马古道在阿坝（都江堰至汶川）

①	②
③	④
⑤	

①沙坝古道现状
②沙坝古道旁的泰山石敢当
③桃关至沙坝古道现状
④从沙坝远眺桃关（北向南）
⑤从沙坝远眺索桥（南向北）

索桥

索桥，又称下索桥，位于桃关北约3.5千米处（古道南端GPS坐标：N 31°16′41.86″，E 103°28′17.26″；海拔1168.9米）。今属绵虒镇索桥村，无人居住，仅有一处简易木棚，是附近居民养蜂的临时落脚点。距原国道（G213、成阿公路）垂直高度约20米，在现防护网平行位置处保留不连续的南北两段古道（被小冲沟分为两段），总长约300米。北段长约240米，宽0.5～1米，古道大多被垮塌岩石掩埋，零星可见。笔者对其中一段进行清理，清理出的古道长1.7米、宽约1.5米（清理道路中心GPS坐标：N 31°16′32.55″，E 103°28′27.45″；海拔1187.5米），为天然岩体，岩体上有人工凿刻痕迹，推测是当时背夫们休憩之处。南段绕沟而行，长约60米，宽0.5～1米，崖壁应是被人为凿通。此处现有跨岷江而建的现代水泥桥，沟内道路可直通今小金县耿达。"5·12"汶川大地震后，该乡受灾极为严重，故进行整体搬迁，但近年来有不少居民回迁至此。

相关记载

索桥对草坡河口，岳钟琪征金川时，曾由此地进兵。

——[民国]王天元著：《近西游副记》，南京提拔书店，1935年，第154页。

匆匆过索桥，余霞散绮暮烟消。

——张宗品主编：《松游小唱绘图本》，四川美术出版社，2004年，第25页。

相关诗词

回渡索桥

行见长江夹两山，危桥悬跨锁重关。
索垂断岸千寻矗，板衬中腰一带弯。
踏处晃摇风漾漾，凌虚缥缈水潺潺。
自从通道西戎日，疆吏由来任去还。

——《阿坝州文库》编委会编：《阿坝州文库·（嘉庆）汶志纪略》卷四，四川民族出版社，2013年，第124页。

相关传说故事

关于这一道索桥，有一段故事传说，当初开始修索桥的时候，罗布寨的羌民从这里经过，大概是以"行善"为怀，帮助做一些工，以后便永为定例，公然把培修索桥的责任给罗布寨的羌民负起，其实罗布寨和这一道索桥毫无关系。羌民经许久的奋斗，到民国时，才把这条不合理的定例取消。

——［民国］王天元著：《近西游副记》，南京提拔书店，1935年，第154-155页。

现状照

北段古道现状

清理出的北段局部古道

古道寻珍——茶马古道在阿坝（都江堰至汶川）

南段古道现状

古道全貌

古道与原国道关系

大邑坪

大邑坪，又称大禹坪，位于索桥东北约 1.5 千米处（村口与国道交汇处 GPS 坐标：N 31°17′31.16″，E 103°27′40.41″；海拔 1154 米）。今属绵虒镇大禹村。因修国道（G213、成阿公路）并受"5·12"汶川大地震等地质灾害的影响，现已无法抵达，基本消失。

据 72 岁原村委会主任李大爷介绍：此地原名大禹坪，经人们口耳相传，讹为大邑坪。旧时从银杏乡到绵虒有两条古道，一条近山脚、一条在半山腰。山腰处为大道，主要是骡帮及大型商队行走，以避免抢劫等发生。险要之地修筑有堡坎，"5·12"汶川大地震前还保留有一部分，但现在已无法抵达。山脚处道路供背夫和挑夫等小型队伍或散客行走，修路后已基本消失。现村寨驻地东侧山崖南约 100 米处为燕子岩，据说岩体有凿刻痕迹，是旧时最危险的路段之一，现亦无法抵达。

相关记载

大邑坪铺，在治南二十里。

——《阿坝州文库》编委会编：《阿坝州文库·（嘉庆）汶志纪略》卷一，四川民族出版社，2013 年，第 20 页。

大邑坪塘，距城二十里。注：在绵虒镇境内，清代多在山冈上设塘防卫。

——《阿坝州文库》编委会编：《阿坝州文库·（嘉庆）汶志纪略》卷一，四川民族出版社，2013 年，第 21 页。

大邑坪，治南二十里。汉居。注：史书记载为古汶山郡广柔县治，相传为大禹故里。

——《阿坝州文库》编委会编：《阿坝州文库·（嘉庆）汶志纪略》卷二，四川民族出版社，2013年，第35页。

现状照

大邑坪全貌 　　　　　　　　　　疑似古道

从大邑坪远眺索桥（北向南） 　　从大邑坪远眺磨子沟（南向北）

磨子沟

磨子沟位于大邑坪北约1千米处（沟口与岷江交汇处GPS坐标：N 31°18′21.47″，E 103°28′12.46″；海拔1207米），今属绵虒镇大邑村。磨子沟是一条东西向冲沟，现已修筑防洪墙，沿山脚处有一段疑似古道遗迹，附近现有水泥加工厂一间，东侧山坡有石阶，经询问是新建便道，石阶尽头搭建有简易木棚，内供奉土地公。

据72岁原村委会主任李大爷介绍：旧时此地曾有住户，"5·12"汶川大地震后整体搬迁。

现状照

疑似古道

疑似古道

疑似古道的周边环境

羊店

羊店，又称羊店子，位于磨子沟北约 1 千米处，今属绵虒镇大邑村。古道大部分与都汶高速路（G42）重叠。现存古道为碎石路面，残长 40 米（道路中段 GPS 坐标：N 31°18′48.8″，E 103°28′33.21″；海拔 1163 米），曾经多次改扩建，原貌不详，现是村民出行的便道。旧时，羊店是茶马古道沿线较为繁盛的地方之一，歌谣中唱到的"羊店女人最好看"，即指此处。早年间附近居民躬耕于半山，现大部分人已搬迁至绵虒镇。

据 78 岁的胡大爷（原漩口人，8 岁至今在羊店）介绍：古道基本沿山脚而行，现其自家门前的道路就是古道的一部分。修筑国道（G213、成阿公路）及都汶高速时，占用部分古道。原山顶有东岳庙，"5·12"汶川大地震前尚有基本的维修养护，地震后垮塌，附近居民搬迁后再无人管理，菩萨等塑像还有保留，但已无法抵达。

相关记载

东岳庙，在县治南。洪武年建。注：绵虒镇南边羊店山顶，明代洪武年间建东岳庙。

——《阿坝州文库》编委会编：《阿坝州文库·（嘉庆）汶志纪略》卷二，四川民族出版社，2013 年，第 41 页。

古东岳庙，在县治羊店山顶，前有一大平地，不知建于何代。咸丰五年正月，曾有仙人采取修真，并题留有诗。

——《阿坝州文库》编委会编：《阿坝州文库·（嘉庆）汶志纪略》卷二，四川民族出版社，2013年，第43页。

现状照

古道现状

古道寻珍——茶马古道在阿坝（都江堰至汶川）

古道与现代道路（G42）关系

东岳庙所在位置大环境

飞沙关

飞沙关,又称凤岭、风头关,位于羊店北约3千米处(关口中心GPS坐标N 31°19′29.24″,E 103°28′37.38″;海拔1201米),今属绵虒镇高店子村。山脚下有1户居民,山坡处有几座近代墓冢。现存古道以山脊为界,分南北两侧。南侧临崖,由山脚至关口,呈斜坡状,原铺石梯,残长50米、宽1.2～1.5米,现道路垮塌严重,仅存路基。北侧古道沿山崖通高店子,下临回水沱。原有摩崖石刻"石纽山"三字,受"5·12"汶川大地震等地质灾害影响,原摩崖石刻消失,古道上仅存个别堡坎或凿刻崖体,无法通行。国道(G213、成阿公路)在关口下穿隧道(曾是国道上标志性隧道之一)而过,现亦改道。原关口临崖侧有建筑物一处,20世纪50年代被毁,现山脊端仍可见小部分基址。据史料记载有圣母祠和双镇塔,但所记地址不一,一说在关口,一说在飞沙岭。根据关口地形判断,此处在修筑关门的同时无法修筑其他建筑,推测圣母祠应在飞沙岭,双镇塔应在飞沙关。

相关记载

石纽山启圣祠,在县南。旧说启圣祠在飞沙顶刳儿坪,久经倾颓。

——《阿坝州文库》编委会编:《阿坝州文库·(嘉庆)汶志纪略》卷二,四川民族出版社,2013年,第41页。

双镇塔，在治南十五里飞沙岭上圣母祠侧。注：在绵虒镇南飞沙关洞顶上古道旁，石纽山刳儿坪圣母祠坡下。今遗迹尚存。

——《阿坝州文库》编委会编：《阿坝州文库·（嘉庆）汶志纪略》卷二，四川民族出版社，2013年，第43页。

飞沙关，在城南十里，山绝高，中通一线，下临大江。

——《阿坝州文库》编委会编：《阿坝州文库·（民国）汶川县志》卷四，四川民族出版社，2013年，第96页。

石纽山启圣祠，在县南。旧说启圣祠在飞沙关山顶刳儿坪，嘉庆乙丑岁，知县李锡书改修飞沙关上路于山下，因建圣母祠于其侧云。

——《阿坝州文库》编委会编：《阿坝州文库·（民国）汶川县志》卷四，四川民族出版社，2013年，第145页。

飞沙关因山势陡险，飞沙射人，昔有关卡，故名。

——汶川县地名领导小组编印：《汶川县地名录》，巴中县印刷厂，1982年，第36页。

羊店一宵眠，飞沙晓渡关。高高一塔插云端。塔铃声脆风吹远，行人须早晚。日当午，风正酣。若遇着大王雄，纵乌获、孟贲也称不敢。扬尘扑面，吹平李贺山，杜陵茅屋怎经卷？

——张宗品主编：《松游小唱绘图本》，四川美术出版社，2004年，第27页。

飞沙关，又名风头关。地处汶川县绵虒镇高店村境内。据《汶川县志》载，县治南二十余公里处有飞沙关，山上有一平地，地名石纽山刳儿坪。《禹志》云：禹生于石纽。《益州记》：石纽山者，今其地名刳儿坪，坪上原有禹王庙，圣母祠，社稷，今已毁，尚有遗志。飞沙关口绝壁上刻有"石纽山"三个大字，字迹苍劲古朴，传为唐时李白手书题记，堪称书法艺术之精品。石纽山，因山石成纽状而名，昔为交通要塞、军事关隘。岩石上刻有"石纽山"三字，字大如盆，石刻右侧有圣母祠，为石木结构，内塑神像，圣母头缠长帕，身着华丽羌服。庙旁有一塔，名"双镇塔"，"文化大革命"时被毁，至今尚存塔基。今日之飞沙关，仅为成阿公路上一隧道。

——阿坝师范学院编撰委员会编写：《青藏高原环境与山水文化·汶川卷》（一审稿），2017年，第135页。

飞沙关，松茂古道上的重要险关。

刳儿坪山脚下，有"三垍九坪十八关"中最险要的飞沙关，为早年防御党项羌南下的关隘。新中国成立前，关上有圣母祠，供当地百姓和过往行人祭拜。关楼得名源于此处天天飞沙走石，犹似今天的沙尘暴，白沙扑面而来之时，可横扫千军。

飞沙关何以至于"飞沙"，历来有两种说法：一种说法是，岷江顺水带风，风卷沙起，飞沙走石；另一种说法是杨贵妃在河中沐浴，羌族小伙子躲在山后偷看，贵妃掷沙投击，一时飞沙走石，蒙蔽两岸。清四川总督丁宝桢某年赴汶川巡边，在此曾遭遇飞沙，轿顶都被掀了。官员轿顶被掀盖，岂不将被贬官？这位不信怪力乱神的大学士记起一首诗："巍巍高岭挂斜晖，渊下何年浴贵妃。……回首秦陵遗事在，可怜风扑乱沙飞。"于是，气急败坏的总督认为贵妃阴魂不散，便到山中察看，看到山中有一庙，以为是唐玄宗怀念杨玉环修的庙，一怒之下，立即让人拆除了庙宇。实际上，造成此现象的气象原理为：此地阳光辐射强烈，夜晚河谷空气较冷，第二天太阳当空时，山坡像着了火一样热起来，空气被迅速加热，而与之同高度且位于山谷上方的空气较冷，两种气流在河谷上空撕打冲撞，冷空气只好从高山之巅沿坡下沉，而停留在河谷上空的干热空气一直顽强抵抗，直到正午，终于抗御不住冷空气的强压和驱赶，洪水决堤一般溃逃，形成河谷中定时的"午时风"。午时风横扫千军，河谷两岸的河沙漫天飞舞，正好在飞沙关形成一个回旋，白沙遮天蔽日。白沙在风力作用下爬上山坡，覆盖了右岸的石纽山。大风起，丁宝桢的轿子自然会被掀翻在地。但丁宝桢万万没想到一件事：杨贵妃何德何能，以至于让人为她修庙祭祀？平息怒气之后，丁宝桢让当地流官放胆说出原委。得知原委之后，丁宝桢大叫"得罪！"他赶紧面山叩头谢罪，并紧急命令当地恢复庙宇，且自掏腰包，加修两座石塔弥补过失，并将石塔命名为双镇塔。原来，丁宝桢误拆之庙，并非杨贵妃之庙，而是"禹庙"。

——阿坝师范学院编撰委员会编写：《青藏高原环境与山水文化·汶川卷》（一审稿），2017年，第135页。

相关诗词

双镇塔赞

黄杰

惟汶石纽，古凤头山。群峰锁钥，众壑门阑。
迹追先圣，功集后贤。临渊作塔，依壁为垣。
沙飞雁蓊，石结龙盘。金峦拱翠，玉浪回璇。
壶中日月，洞里云烟。灵昭古庙，险踞重关。
创捐双镇，题留二仙。钟英毓秀，于万斯年。

——《阿坝州文库》编委会编：《阿坝州文库·（嘉庆）汶志纪略》卷四，四川民族出版社，2013年，第128页。

飞沙关

清 邑生 孟维聪

巍巍高岭挂斜晖，渊下何年浴贵妃？
日照华清娘子倦，钱盈绣褓羯儿肥。
紫茵已断霓裳舞，白龙空传土粉餻。
回首秦陵遗事在，可怜风扑乱沙飞。

——《阿坝州文库》编委会编：《阿坝州文库·（民国）汶川县志》卷七，四川民族出版社，2013年，第227页。

石纽山圣母祠

清 四川宪制 吴棠

共传大禹产西羌，明德千秋颂莫忘。
江水发源神肇迹，休将石纽比荒唐。

——《阿坝州文库》编委会编：《阿坝州文库·（民国）汶川县志》卷七，四川民族出版社，2013年，第230页。

相关传说故事

杨贵妃初浴飞沙关

李晋康　收集整理

多少年来，羌民们都认为汶川境内的羊店寨子是出漂亮女子的地方，据说唐玄宗李隆基的宠妃杨玉环就是在这里出生的。至今这里还流传着"威州包子板桥面，要娶美女到羊店"的羌谣。杨玉环几岁时就死了阿妈，父亲整日上山打猎，下地种田，照顾不了玉环，就为她娶了一个后母。谁知没过几年，玉环的父亲也死了。后母心肠不好，常常想着法子折磨她。后母每天要玉环早起扫地煮饭，白天顶着烈日牧羊，晚上还要喂猪背水，小玉环过的日子真是苦极了，有时还平白无故地遭到后母毒打。玉环有苦无处说，只有对着和她日夜相伴的老山羊流泪哭泣，向它倾诉自己的苦楚。老山羊似乎通人性，每当玉环伤心哭泣，就"咩——咩——"叫着，依偎在她身边，好像在安慰她。当玉环挨了打，老山羊就用舌头轻轻地舔净她身上的血迹。慢慢地，老山羊成了玉环亲密的伙伴。每天早上，玉环迎着初升的太阳，把老山羊赶到水清草嫩的草场，让它吃上肥嫩的青草，喝上清澈的山溪水。夏天，她为老山羊驱赶蚊虫；冬天，她为老山羊铺圈垫草。每天晚上，她总是和老山羊依偎在一起，慢慢进入梦乡。乡亲们都十分可怜玉环，常常悄悄给她送吃的东西，看见她和羊相依为命，形影不离，竟渐渐忘了她的名字，都叫她牧羊女。

草场上的草青了又黄，黄了又青；雪山上的白雪化了又积，积了又化，一晃眼，牧羊女长大了。岷山清新的山风，岷江清澈的江水，使牧羊女出落成了美丽的羌家姑娘。她体态丰满，脸盘端庄红润，一双大眼又黑又亮，白白的耳轮上一对小耳环一晃一荡。看到牧羊女的风姿，寨子上的乡亲们说这是天神木比塔赐予她的美貌，都对她十分亲热。可她的后母却又气又恨，真恨不得一口吞了她。

有一天，牧羊女赶着老山羊从草场回来，刚走进寨楼，她后母一改往日凶神恶煞的模样，皮笑肉不笑地端来一碗荞面，假惺惺地说："自从你阿爸死后，我对你不好，寨子上的乡邻们都在背后骂我。今天青林老爹来，说你常常帮寨子里的老人割猪草，背泉水，夸你是个好姑娘，我这样对你是不会有好处的。你吃了这碗面，就算减轻我的一点罪过吧！"说着还挤出了几滴眼泪。看到这情景，牧羊女惊呆了，难道太阳从西边出来了？善良的姑娘哪里知道歹毒的后母在面里下了毒药，想置她于死地。牧羊女接过面碗，正要吃，突然，跟在身后的老山羊竟一改往日的温顺，猛地跳过来撞翻了她手中的面碗，几口就把撒在地上的面条吃光了。"好啊，你这个死丫头，我好心好意给你面吃，你却倒给羊子，真是不知好歹。你对它好，就带着它滚出寨楼去！"后母见山羊吃了面条，不由慌了神，她怕山羊因毒性发作死在屋里，便露出她的真面目，把牧羊女和老山羊赶出了寨楼。怎么办呢？牧羊女只有带着老山羊，来到平日她放羊躲雨避风的一个山洞。牧羊女对老山羊说："我们就在这里住下吧！"老山羊这时没有像往日那样活蹦乱跳地先跑进去，而是艰难地点点头，口吐白沫，"咚"的一声倒在洞边，弹了几下后腿就死了。见此情景，牧羊女才明白老山羊为什么要撞翻面碗，抢先吃面。她万万没有料到，她和老山羊竟在今天永别。她不由放声大哭，泪水像断线的珍珠，一滴一滴洒在绿茵茵的草地上。牧羊女的哭声凄惨哀伤，呼唤老山羊的声音听了使人牵肠挂肚。她的哭声使岷山含悲，岷江带怒，连老天爷也动了容，流下了伤心的眼泪。雨越下越大，随着狂卷的山风传来阵阵闷雷。突然，一道闪电划破天空，一声响雷震耳欲聋，雷电惊得她后母从寨楼摔下，死在楼外的牛粪堆上。风停了，雨住了，天晴了，晚霞像一片锦缎，慢慢遮严了草场和山洞。牧羊女哭得死去活来，竟昏睡了过去。梦中，老山羊来到她的身边，对她说："姑娘，不要悲伤。你如果想念我，就剥下我的皮做成褂子，这样，我既可以为你遮风挡雨，又能天天和你在一起。"牧羊女从梦中醒来，天已亮了。她按照老山羊的话，留下羊皮做成羊皮褂子，然后用十指挖开洞边坚硬的泥土，埋下了老山羊。失去了伙伴，牧羊女十分痛苦，她撕下前襟包在头上悼念老山羊，还决心从岷江河边背来光溜的鹅卵石，按羌家的习惯，为老山羊垒一个坟头。她顾不得梳理头上的浓发，也不想整理身上的衣衫，每天从远远的岷江河边背石头为老山羊垒坟头。一直垒了七七四十九天，老山羊的坟头终于垒好了，可她也累倒了。由于她天天顶烈日、冒雨露、宿岩洞、睡草窝，身上竟生满了恶疮，头上的疮口灌了脓，头发一缕一缕地掉。牧羊女心里更难过了，她想：相依为命的老山羊死了，自己失去了伙伴，现在身上又发生了恶疮，如果这些恶疮传染给常来关心自己、给自己送吃送穿的姐妹，怎么好呢？为了不连累乡亲们，牧羊女产生了轻生的念头。

一天晚上，牧羊女在山洞的干草堆上躺下不久，老山羊又进入她的梦中。老山羊像往日一样，跪着前腿依偎在她的身边，咩咩叫着对她说："姑娘，你要想开些，要活下去，你的苦难就要过去了。明天太阳当顶时，你到岷江去洗个澡，一待起风就赶快上岸，你身上的痛苦就会解除了！""真的吗？"牧羊女又惊又喜，她伸手去抚摸老山羊，却摸到了身边的羊皮褂子。

天亮了，牧羊女来到老山羊的坟前，培上几把新土，然后来到岷江河边。她按照梦中老山羊的嘱托，等到太阳当顶的时候，脱下破烂的衣衫，在水平如镜的江水里洗了个澡。清澈的江水暖暖的，牧羊女尽情地洗着。说来也怪，一洗头，头上的疮疤脓口脱落了，顿时长出了乌黑油亮的长发，一洗身，浑身的脓血荡然无存，圆滚的香肩，丰润的腰身，光滑的肌肤显得又白又嫩，她更美丽了。这是自己吗？牧羊女自己看到水中的倒影，也不敢相信，这天仙似的美女是自己，她害羞地捂住了粉红粉红的脸庞。这时候，水面荡起了阵阵涟漪，江水扬起了细细的水沫，起风了。牧羊女正准备上岸，突然,她看见山路上来了一群衣冠楚楚的行人。"哎呀,不好!"牧羊女又羞又急,顺手从河滩上抓起一把细沙朝天上扬去。江边顿时像刮起了风暴,漫天的风沙向来人卷去,使那群人眼不能睁,步不敢迈。牧羊女趁机穿好衣衫跑去了岩洞。

风停了,沙住了,行人睁眼一看,眼前竟堆起了一座沙丘,原来平坦的山路也一下变成了悬崖峭壁。众人被惊得目瞪口呆,都认为这是天神的安排,于是忙设下香案,请求神的指点和宽恕。再说牧羊女回到洞中,梳理好了头发,整理好了衣衫,兴高采烈地跑向草场。她想摘上几朵美丽的羊角花,然后回到羌寨和乡亲们一道生活。谁知一出洞口,又碰上了刚才那群人,那群人被牧羊女绝世的美貌惊呆了,张大嘴巴痴立着。过了一会儿,一个身着官袍的人才像想起了什么,从怀中取出一幅画卷展开,对照了一下,突然向牧羊女跪了下来,口称:"贵人大喜,请更衣入宫吧!"其他人见此情景,也跟着跪下说:"我们奉圣旨到西羌寻贵人已两年有半了,历尽艰辛,今日终于在此找到了你,真是老天有眼啊!"原来,当朝皇帝玄宗一日酒后昏睡,梦见一个身着羌装的美女飘飘而来,似天女下凡,嫦娥出月,他恋慕不已。醒来后,他即叫宫中画师按梦中所见,绘成丹青图像,下旨叫人到西羌查找。使者们奉旨出京,千里迢迢跑遍了岷山羌寨,今天终于在这里找到了。

"我不是贵人,我是牧羊女!我不进什么宫,我要回羌寨去!"牧羊女对众人的言语和行动一点也不相信,她十分惊恐,想甩开众人,回到山寨上。但怎么由得她呢!随行太监和宫女顿时在原地立起屏风,三下两下给她穿戴好了凤冠霞帔。这时候,寨子上的乡亲们都赶来了,他们舍不得牧羊女离开羌寨。牧羊女也舍不得昔日和她一块儿放牧绣花的姐妹们,舍不得平时关心爱护她的寨中父老,舍不得和她结伴多年的老山羊及山清水秀的岷山、岷江。她知道自己不能脱身,便哭着对大家说:"我走了,请父老姐妹们不要忘记我。这件羊皮褂和白头帕请收下吧,看到它就等于看见了我。"说着,她对着乡亲们,对着岷山岷江,对着老山羊的坟头磕了几个头,才带着悲声登程……从那以后,羌族人就有了穿羊皮褂子和包白头帕的习惯；也是从那时候起，牧羊女洗澡的地方一到中午就要刮风，扬起细沙，从而得名"飞沙关"了。

讲述人：唐吉安

流传地区：汶川县绵虒乡

——张力总编：《羌族民间故事选》，羌族文学编辑部编印，2001年，第49-53页，有删改。

现状照

北侧古道现状

关口现状

南侧古道现状 　　　　　　　　　　垒砌的堡坎

飞沙关全貌

从飞沙关远眺羊店（北向南） 　　　　从飞沙关远眺新店（南向北）

新店子

新店子，又称新店，位于飞沙关北约 0.5 千米处（今大禹祭坛广场 GPS 坐标：N 31°19′45.76″，E 103°28′38.21″；海拔 1188 米）。飞沙关北侧悬崖下有一大型漩涡，且有大量河沙沉积于此，被称为窝凼子。受"5·12"汶川大地震影响，飞沙关至新店的古道已无法通行，村内曾有平房数间，现居民已搬迁，原址上新建汶川县大禹祭坛。

相关记载

昔日开有店子，较高店子晚，故名。

——汶川县地名领导小组编印：《汶川县地名录》，
巴中县印刷厂，1982 年，第 36 页。

现状照

新店子现状

新店子全貌

从新店子远眺飞沙关（北向南）

瓦窑坪

瓦窑坪，又称瓦窑沟，位于石纽山旁，即新店子与老店子间的山腰平台上（坪上柏树侧 GPS 坐标：N 31° 19′ 57.22″，E 103° 28′ 58.92″；海拔1314.1 米）。今属绵虒镇新店子村，无居民居住，有简易偏房 2 间，是附近居民在此种植果树时的临时歇脚点。据村内居民介绍，旧时临沟侧因烧瓦、烧砖而得名。"5·12"汶川大地震后，修筑泥石流挡墙时将其进行大规模改造，已无窑址等遗迹。石纽山上有禹王庙一座，因道路垮塌无法抵达。

相关记载

瓦窑坪，治南十里，羌居。

——《阿坝州文库》编委会编：《阿坝州文库·（民国）汶川县志》卷二，四川民族出版社，2013 年，第 51 页。

现状照

瓦窑坪现状

古道寻珍——茶马古道在阿坝（都江堰至汶川）

①瓦窑坪南沟现状
②瓦窑坪北沟现状
③从瓦窑坪山脚远眺高店子

老店子

老店子，又称老店、山店子、三店子，位于新店子西北约 0.5 千米处（村口北端入口处 GPS 坐标：N 31°20′21.44″，E 103°29′2.72″；海拔 1216.7 米）。古道曾改建为国道（G213、成阿公路），"5·12"汶川大地震后国道改道，此段道路成为村内道路。现道路长约 0.8 千米、宽约 4 米。村内有 10 余户人家。

据 78 岁的董大爷和 72 岁的高大爷介绍：现其住宅前的水泥路就是曾经的茶马古道，由飞沙关经新店子至此，原为土路，宽约 1 米，两侧分布平房数间。1952 年修建成阿公路时将原古道改建为国道。山背后瓦窑坪上原有庙一座，新中国成立后无人管理就荒废了，以前还有很多烧瓦、烧砖的窑子，现在没有了。

现状照

古道现状（北向南）　　古道现状（南向北）

古道寻珍——茶马古道在阿坝（都江堰至汶川）

老店子内民居

老店子及瓦窑坪全貌

高店子

高店子，又称店子上，位于老店子北约1千米处（今大禹农庄停车场中心GPS坐标：N 31°20′21.76″，E 103°29′18.55″；海拔1221.4米），今属绵虒镇大禹村，现有居民50余户。"5·12"汶川大地震后该处变化极大，村落多数进行重新规划，已无古道遗迹可寻。旧时原有3户人家，其中客栈、烟馆各1间。

据70岁的董永孝大爷和78岁的邓大爷介绍："5·12"汶川大地震后，古道已消失。据老一辈讲，此段古道在清代以前位于村后山腰处，清代至民国时期改为经村内及沿山脚而行了。

（注：新店、老店、高店子三者关系较为混乱，走访时，群众的介绍有较大差异。主要观点有两种：其一，三者实为一处，称"三店子"，因时代不同，三店子的中心所在不同，因此出现了三种称呼；其二，三者有时代发展早晚关系，且均数易其名。两种观点的正误现已不可判断，故调查组统一为三处独立的点位加以分述。）

相关记载

解放前此地设有店子，地势较高，故名。高店子大队驻地。

——汶川县地名领导小组编印：《汶川县地名录》，
巴中县印刷厂，1982年，第36页。

现状照

高店子全貌

从高店子远眺绵虒（南向北）

村内的现代仿古道

绵虒古城

绵虒古城，又称汶川古城，位于高店子北约 1 千米处，在岷江东岸一级台地上（大禹广场中心 GPS 坐标：N 31°21′43.37″，E 103°29′42.52″；海拔 1221.3 米）。旧时古道沿山脚而行至古城，所有人员均须入城（绵虒城）交换照票后才能出城北上松潘。现古道已被原国道（G213、成阿公路）和都汶高速公路占用，无古道遗迹。

明正德七年（1512）知县李明筑城后，绵虒成为旧汶川县治所。原古城南、北各设城门一道，南门"永丰"、北门"宁远"。现存西墙一段（城墙下 GPS 坐标：N 31°21′43.3″，E 103°29′44.42″；海拔 1222.8 米）为土石结构，底大上小，剖面呈梯形，残长 20.2 米、宽 5.5 米、高约 3 米。"5·12"汶川大地震后，有关部门对古城墙进行了简单的维修加固，新建的城门朝向已改。城内布局已变，仅部分街道沿用旧名，如古城西路等。原城外设上、下两关。上关位于北门外，通今和平村，下关位于南门外，通今岷江西岸的羌锋村。城外原有木索桥两座。清雍正年间，保县（今薛城）因毁于水患，亦将县治迁于此。1952 年，汶川县治所迁往今汶川县威州镇，但绵虒区、公社、绵锋大队仍置于此。

今绵虒镇人民法院门口左侧岩石上刻"卧云"二字，落款"梦岩"，年代不详。岩石长 1.3 米、高 0.5 米，字宽 0.4 米、高 0.5 米。

据 70 岁的彭克华大爷、74 岁的付文德大爷、85 岁的勇树月太婆和 82 岁的苏婷玉太婆等居民介绍：绵虒古城外的古道原在山边，修筑国道和高速公路时已被占用，原有上关口和下关口，即城门洞，高店子以北为下关门，绵虒镇以北为上关门，出城逐渐上山，道路断断续续，现无法通行。古城有五个角，西北角为一大石包，一面以山为墙，城内原有禹王宫、文庙、县衙及骡马店等，十分繁华。

相关记载

上关，距城里许，在索桥上，清嘉庆五年春建。

——《阿坝州文库》编委会编：《阿坝州文库·（民国）汶川县志》卷四，四川民族出版社，2013年，第95页。

下关，距城里许，在城南门下，清嘉庆五年春建。

——《阿坝州文库》编委会编：《阿坝州文库·（民国）汶川县志》卷四，四川民族出版社，2013年，第96页。

明正德七年知县李明所筑，山石砌垣，初不甚固，城周一百二十丈，高一丈六尺。二门，门各有楼。先是汶川地脊（按：应为瘠）多羌，草坡生蕃尤为桀黠，故设巡检一员，以建新城为县治，遂裁巡检。康熙四十七年，大水，城坏，年久未修。乾隆二十八年知县李天骏始详请重修建，仍以山石乱砌，涂以白垩，名曰虎皮石。规模较前为大，计城高一丈八尺，底宽九尺，顶宽六尺，周圆二百八十丈，垛口五百二十八。上下二门，南曰永丰，北曰宁远。城楼二所。盖距城坏与修建之时，竟为五十五年矣。是时城中居民不及廿家，又无井泉，汲道取于城外。而城当松、茂孔道，每有警，即人心惶惑不可终日。嘉庆五年岁次庚申，贼匪窜入松潘，游骑达归化，警报沓至。知县李锡书以城不可守，募夫于城外山水会临处，起上下二关，相距二里许，自三月二十四日至四月十五日戒严。闻贼众折入石泉走龙安，城中乃定。上关在索桥外，壁立千仞，飞鸟绝迹，下临大江，悬流万仞，中通一线，路不容车，亦一险也。旧志称：自有关则城固，而盗窃无所容迹，居民亦渐阜繁云。

——《阿坝州文库》编委会编：《阿坝州文库·（民国）汶川县志》卷一，四川民族出版社，2013年，第15页。

汶川于西汉时，尝于旧县北置绵虒县。东汉后，复曾置绵虒道。镇之得名，由此起也。明初为寒水驿，复于此置索桥里，清为上水里之一部。民国二十四年为绵虒联保，二十九年为绵虒乡，旋于三十年改绵虒镇。三十二年复呈准划羊店以下，与映秀乡之兴文坪设一新乡，于三十三年一月成立。故今镇属村落，止于羊店。

——《阿坝州文库》编委会编：《阿坝州文库·（民国）汶川县志》卷二，四川民族出版社，2013年，第54页。

绵虒位于县城西南，乡政府驻绵锋河坝，位于北纬31°21′，东经103°29′，海拔1230米。东部有少量地段与灌县接壤，东、南与银杏乡接界，西界草坡乡，北抵玉龙乡，总面积115平方公里。岷江由北而南纵贯全乡，成阿公路沿江而上，在乡境长15公里。除岷江沿岸有少数平地外，全乡为高山所踞，耕地多分布在海拔1100～2200米之半山和高山，属岷江干旱河谷地带。

绵虒（Si，斯）以"虎有角曰虒，行水中，地有此兽矣"（明《蜀中广记》）为据作名，但古今均无"虒"存没的记载，可能是当时冉駹地区部落的图腾物。汉武帝元鼎六年（前111年）建绵虒县，治地在今威州南沟侧半山平坦处（今习称姜维城），梁于绵虒县地置汶川县，明宣德年间汶川县治迁寒水驿（今羌锋村簇头）北，即以汶川古名"绵虒"名地，沿用至今，尚存"古绵虒县"石刻。

绵虒明属索桥里，清属上水里，清末民初属城厢团（区），民国24年为绵虒联保，31年改为镇，辖10保81甲。一保县城上街、二保白鱼落、三保涂禹山、四保三官庙、五保河坪、六保簇头、七保克约、八保皂角沱、九保桃关、十保银杏坪。民国32年划出皂角沱、桃关两保入银杏乡，辖8保。1950年改镇为乡，建乡农协会，属一区，1951年属二区，1952年成立绵虒乡人民政府，辖9个村：一村城厢，二村白鱼落，三村涂禹山，四村河西，五村河坪，六村簇头，七村克约，八村高店，九村小茅坪。1954年8月，岷江西岸6个村（三、四、五、六、七、九村）成立河西乡，河东为绵虒乡（一、二、八村），1955年3月仍合并为绵虒乡。1958年成立绵虒人民公社，改村为大队。1962年绵虒公社分为绵虒、飞沙、玉龙3公社。高店、克约、羊店及由草坡乡划入的碉头共4个大队成立飞沙公社；绵虒以上的白鱼落、半坡、板子沟、小茅坪、涂禹山5个大队成立玉龙公社；绵虒公社辖绵锋、三官庙、白土坎、和平、羌锋5个大队。1964年飞沙公社并入绵虒公社，共9个大队，26个生产队，1984年改称村、组，辖属未变，即绵锋村：绵锋河坝、后头山；三官庙村：三官庙、登溪沟；白土坎村：白土坎、大埃米、小埃米；和平村：大寨子、小寨子、高冬山；羌锋村：里坪（1）、簇头（2、3）、簇头沟（4）；高店村：高店子、新店；羊店村：下索桥、大邑坪、羊店、羊店半山；克约村：克约、洛汤、三倒拐、大小坪；碉头村：碉头、碉房。

——四川省阿坝藏族羌族自治州汶川县地方志编纂委员会编：《汶川县志》，民族出版社，1992年，第77-78页。

有人说："汶川城内大堂上打板子，四门都听得清楚"。实际上汶川城只有两道城门，我们曾经费一刹那的工夫把全城精确地量过，穿城长二百三十四尺。城内除县署、教育局及文庙武庙等而外，只有十七户半人家……城北虽然有街一条，但仍是一般样的荒凉冷落。

——[民国]王天元著：《近西游副记》，南京提拔书店，1935年，第157页。

一城如斗控万山。城外萧然，城内幽然，风景绝清闲。断井颓垣，疏疏落落谁家院。行过泮宫前，衙门对面，绝不闻人语声喧，多应是讼庭草满。由来此地出名员，甲榜先生多部选。

——张宗品主编：《松游小唱绘图本》，四川美术出版社，2004年，第37页。

寒水驿：属成都茂州汶川县。旧置于今四川汶川县城（威州）内。隆庆中，移置于今县南绵虒镇。

——杨正泰著：《明代驿站考》，上海古籍出版社，2006年，第48页。

相关传说

绵虒的"绵",意为连绵不断,绵日月而久远;虒,则为虎有角者,可行水中,为地上的一种兽。大禹还未在石纽山刳儿坪出世之前,虒一直在此为非作歹,祸害四邻,谁都拿他没办法,百姓苦不堪言。

后来,大禹出世了,禹不仅是一条龙,而且是一条能上天、能下海、能在陆地施展本事的龙,其本事远远大于虒。

相传当年大禹在汶山郡一带治水时,这里一片汪洋。洪水淹没村庄和良田,不少村民葬身于洪水之中,少部分幸存者逃进深山。大禹察看一番后才发现是一头小虒在此兴风作浪,残害百姓,淹没村庄和良田,做尽了坏事,如不及时除掉,百姓是无法生存的。大禹拿起铲枪,跃上神马,顷刻飞上天空。见这小虒正在作法,滔滔洪水淹没良田,大禹大吼一声,冲上去就是一枪,那孽障慌忙抵挡,这一来一去厮杀了好一阵子。从上午杀到下午,从白天厮杀到晚上,从地上杀到水里,杀得小虒气喘吁吁快要毙命的时候,大禹突然心生怜悯,见此小虒也还有本事,心想:若将此虒稍加驯化,令其改邪归正,灵佑天下苍生,岂不更好。于是,禹对虒说:"你这小虒,是愿死,还是愿活?愿死,我就用手中的铲枪结果了你的小命;愿活,我就饶了你,但你从此必须不再危害百姓,而且还要福佑这方人民,绵日月而久远。"小虒连连磕头,说:"我愿意痛改前非,保这方风调雨顺,苍生太平。"花开花落,雁来雁去。大禹为天下苍生治水,积劳成疾,卒于会稽,至今那里有大禹陵墓。至于虒,古人今人谁也没有见过其真身,唯有这虒的塑像,一直还在镇上屹立着,福佑着这方百姓。绵虒这个地名也就沿袭至今。

——陈晓华、陈阳天著:《汶川地名故事》,
白山出版社,2015年,第19—20页,有删改。

现状照……

古道现状（荒废的国道）

"卧雪"题刻全貌

古城墙现状

绵虒镇主城俯视（局部）

从绵虒古城远眺登溪沟（南向北） 　　从绵虒古城远眺高店子（北向南）

绵虒县衙

绵虒县衙，又称古县衙，原址位于今绵虒镇政府办公楼处（政府大门前 GPS 坐标：N 31°21′41.13″，E 103°29′49.65″；海拔 1226.4 米）。"5·12" 汶川大地震前仅存遗址，地震后在原址上新建今绵虒镇政府大楼。

相关记载

古绵虒县衙：位于今绵虒镇政府驻地。最近的建筑年代为清嘉庆三年，县衙周围全是民居建筑，现存正堂及后堂坐西向东，占地 1327 平方米。

正堂：木石结构，单檐悬山式屋顶施小青瓦，如意滴水，勾头瓦当，脊施空心砖。明间抬梁式梁架 6 檩栿，前后乳栿劄牵用 7 柱，次间穿斗式梁架 4 穿用 8 柱。面阔 5 间 17.35 米，进深 6 间 12.48 米，通高 5.58 米，柱径 0.26 米，石墙厚 0.40 米。板壁饰象征为官清廉的鹿、鹤镂空雕花。

后堂：木石结构，单檐悬山式屋顶施小青瓦，脊施空心砖。明间抬梁式梁架 4 檩栿用 4 柱，前后用 4 柱，前后乳栿劄牵，次间穿斗式梁架 3 穿用 5 柱。面阔 5 间 17.35 米，进深 3 间 8.80 米，边柱径 0.17 米，中柱为方柱，方柱边长 0.20 米，通高 7.85 米，台基高 0.15 米。

从明初绵虒置汶川县至 1952 年，有 500 年的县衙历史，为州内唯一的古代县级衙署，但在 2008 年 "5·12" 汶川特大地震中损毁，仅存古城墙屹立在原址上。

——陈晓华、陈阳天著：《汶川地名故事》，白山出版社，2015 年，第 20 页。

现状照

古县衙原址（今绵虒镇政府驻地）

古县衙原址所处位置

绵虒禹王宫

绵虒禹王宫位于今绵虒镇东北隅（建筑间空地中心 GPS 坐标：N 31°21′46.99″，E 103°29′54.35″；海拔 1233 米），现存正殿和戏台两部分，分别于清乾隆五十一年（1786）、道光十一年（1831）重建，除木结构外，其余部分均在"5·12"汶川大地震后翻新。

正殿坐东朝西，歇山式顶，通高 9.02 米，面阔 3 间，进深 4 间。明间为抬梁式梁架六椽栿，5 柱；次间为穿斗式梁架三穿，5 柱。走廊长 13.66 米，宽 2 米。廊顶施卷棚天花，柱上部施木雕饰带，窗、枋饰木雕花草图案。

戏台为悬山式顶，通高 8.97 米，戏台高 2 米。为抬梁式梁架六椽栿，3 柱，前乳栿劄牵。面阔 4 间 10.86 米，进深 2 间 8.3 米。台沿横栏上有"三过家门而不入""治理万丈山河""禹帝登基百官朝拜"等五幅戏剧场景木雕，梁、乳栿劄牵雕饰花卉，顶施平板天花，上彩绘戏剧画八幅。戏台顶中部施藻井。

原戏台西侧有偏房一间，单檐悬山式顶。禹王宫为汶川县文物保护单位。

现状照

禹王宫、戏台全貌

禹王宫梁架结构

调查成果 （下篇：汶川段）

戏台内部结构

散落的构件

绵虒文庙

绵虒文庙位于今绵虒镇羌锋村（新建文庙正门前GPS坐标：N 31°21′16.53″，E 103°29′33.38″；海拔1206.8米）。"5·12"汶川大地震后从绵虒古城内搬迁至此。现由文星阁和学校组成。文心阁为重檐四层木结构阁楼，建筑形制基本改变（此不赘述）。20世纪50年代开始，当地政府在原文庙内开办学校，随着办学规模的扩大，先后拆除文星阁（现已复建）、魁星楼等古建筑，木梁及部分构件等用于乩仙庙（内供土地菩萨）和翠平寺的重建。

相关记载

文庙常称学宫、明伦堂和学署，是延师讲学、培养本地学子入学应试、造就人才、服务桑梓的设施。绵虒文庙，历史悠久，据史籍考证：明嘉靖二年（1523年），提学副使张邦奇奏立，建大成殿、左右两庑，前为戟门、棂星门、泮池，东西为礼门、义路，殿后为启圣祠，年久损坏；清顺治七年（1650年），知县张洽源重建正殿；乾隆五十六年、六十年至嘉庆五年（1791、1795—1800年），重修正殿、两庑、乡贤祠、名宦祠，新建节孝祠一所；嘉庆九年（1804年），新建明伦堂及学署三间。

绵虒文庙从南往北进入，侧过万仞宫墙，走进礼门或义路，越过泮池，可见两侧左右各有乡贤祠、名宦祠、房廊。再向前，为厢房、院坝，左右为耳房。踏上石砌台阶就到大型四方石台，抬头可见正殿。

绵虒文庙万仞宫墙是十余米高的红色墙壁，墙上装嵌浮雕"万仞宫墙"四个金色大字，以喻孔门学问道德之高深莫测。泮池是学宫的水池，古人入学称为入泮，即有接受文化教育洗礼之意义。文庙的泮池为半月形石砌水池，长约20余米，宽约10余米，深约1米，上用青色花岗石修筑三道券拱立柱栏石桥，人可越桥而过。正殿为木结构单檐歇山式房屋，后有土石围墙，殿堂面阔、进深各三间，通高10米，占地面积156平方米。大梁面题"飞龙乾隆五十六年岁次辛亥神祇占吉旦"。殿堂正中建神台，上面安装木结构神龛，长方斜边雕花，金龙绕梁，红底平牌，牌面红底金字为"至圣先师孔子之神位"。殿堂左右两侧设神台，奉"四配""十二哲"。正殿房屋梁下悬挂有红底金字匾额横牌数块，都是清代皇帝钦颁御书的匾文，如"万世师表""生民未有""与天地参""圣集大成"。正殿门楣上挂"斯文在兹"横匾。正殿外两侧为东西两庑耳房，内设神龛，陈列历代140位先贤的灵牌。绵虒文庙的殿堂楼阁，红墙绿瓦、雕梁画栋、朱红漆染、金碧辉煌，蔚为壮观，真可称边陲之地古建筑艺术的精品。文庙附属建筑文星阁，又名奎星阁，别名天台，为清代嘉庆十二年（1807年）修建。该阁坐南朝北，方形单体四重檐山顶阁楼式建筑，阁顶上施小青瓦，每层三间，建筑面积286平方米。上下共四层，通高18.4米，由下而上逐层缩小。四角由内而外均施直径0.4米的内柱、中柱、外柱各一根，以支撑阁体。阁身每层设扶手木栏，楼层铺木板。翘角下悬挂银灰色小铁风铃，清风吹拂，叮当作响。每层阁内外壁廊均有彩色壁画，画中的山水、人物古朴绚丽，妙趣横生。壁画因年久失修现已较模糊。

古时，每逢春秋二季，文庙管事按规定日期举办"祭孔"典礼，参加活动的为本地官员及乡绅贤达。是时，文庙大殿桌椅香案陈设猪、羊、糕点等祭品，燃香点烛、敲钟击鼓、鸣放礼炮、演奏乐曲，隆重、热烈。由此可见人们对中国文化先贤孔子的敬仰崇拜之情。

可惜，绵虒文庙毁于"文化大革命"，现只余正殿空房一间。汶川大地震后，绵虒镇上新建了文庙的部分建筑，特别是文星阁，成为今日绵虒镇的一道亮丽风景，文星阁前面的广场成为群众跳锅庄的好场所。

——阿坝师范学院编撰委员会编写：《青藏高原环境与山水文化·汶川卷》（一审稿），2017年，第176页。

现状照

文星阁现状

散落的柱础

乩仙庙全貌

调查成果（下篇：汶川段）

乩仙庙局部特写

白鱼落

白鱼落，又称玉龙，位于绵虒古城北约3千米处。原玉龙公社驻地，今属绵虒镇玉龙村。相传附近一洞泉中有白鱼降落，因而得名白鱼落。

村内原有车马店一间，为当年地主苏太林所有，后分给胡老八，现已垮塌（车马店遗址门前 GPS 坐标：N 31°23′2.88″，E 103°31′1.07″；海拔1290.1米）。古道距离现山脚垂直高差约10米，由土路和石路组成（古道中段 GPS 坐标：N 31°23′24.99″，E 103°31′6.33″；海拔1317.9米）。土路现为村民上山耕种所走道路，原线路经数次改易，现已不明。石路多是在天然岩体上凿刻出的阶梯式古道，残长15米、宽1.6～2.1米，有歇气台一处，长1.4米、宽0.35米、高0.8米。此处是本次调查所探访到的阿坝州境内保存有土路、石梯、歇气台等众多类型遗迹的古道路段。村入口处有清光绪乙巳年（1905）石室墓一座。墓主为罗式中。墓碑高0.55米、宽0.9米、厚0.07米。

据77岁的朴炳华大爷、60岁的卢文明介绍：古道自半山下到白鱼落，又沿缓坡向上顺半山道路前行。现存古道断断续续，延伸至玉龙电场（板桥村红军战场遗迹对面），至马鞍山（板桥关）下山过沟（板桥沟）。古道附近原有川祖庙、东岳庙、梓橦宫、观音阁及20余户居民，有烟馆和幺店子，现都已消失。

（注：歇气台，指沿途按一定距离砌筑或凿刻的高度适中的石台，通常是"大稍"时使用。）

相关记载

白鱼落铺,在治北十里。注:今名玉龙。

——《阿坝州文库》编委会编:《阿坝州文库·(嘉庆)汶志纪略》卷一,四川民族出版社,2013年,第20页。

玉龙乡位于县城西南14公里的岷江两岸,东北与威州、克枯乡相连,西南与绵虒、草坡乡接界,西北与理县毗邻,东南同灌县相交。总面积137.6平方公里。乡政府驻白鱼落,以其谐音"玉龙(鱼落)"为名,北纬31°23″,东经103°31″,海拔1280米。

玉龙乡历史上属绵虒乡,1962年分出绵虒以上5个大队建立至今。成阿公路南北贯穿全境,将5个村联结为一体。共辖18个村民小组……

——四川省阿坝藏族羌族自治州汶川县地方志编纂委员会编:《汶川县志》,民族出版社,1992年,第78页。

汶川绵虒玉龙罗式中墓志铭

盖闻祖德宗功,持躬笃厚,水源木,木成性,孝慈。想当年,奉始祖而三楚,远别耕读家传,辞麻城而西属,初迁路门、古法,徙竣汶水,爰得乐土。承先世经荣百计,裕后昆体志两行。地生百鱼,水秀青山。人传十一代,清白家风,脉气一支,诗书门第,一堂之上,其乐浅浅,其乐融融。无非上体亲心,下承启后,其默默之相通者,惟志而已。以亲之志通乎子之志,亦以子之志通乎亲之志,《小雅》云:"孝子不匮,永锡尔类。"其垂范为无穷焉。想囊时祖父母之艰苦备尝,创业难,守业尤难,何也?苦心孤诣,沿及今日,既不负先君之立志,又不怠子孙之勤劳。想先父弃书躬耕,报捐国学,生于道光辛丑年八月十六日吉时,承继宗祧,先灵启后,扶持默佑,家道兴隆,夫而后福寿全归,利名一律斯时也。先行阴宅,应卜二眠。为善之家,必有余庆。佑丁繁衍,世代荣昌。以志不朽之序云。

——陈学志等编著:《阿坝金石录》,科学出版社,2019年,第351页。

现状照

古道现状

古道寻珍——茶马古道在阿坝（都江堰至汶川）

石阶梯特写

石阶梯的踏窝

歇气台特写

调查成果 ■（下篇：汶川段）

车马店现状

罗式中墓

白鱼落（玉龙村）全貌

从白鱼落远眺板桥关（南向北）

板桥关

板桥关，位于白鱼落（玉龙村）北约1.5千米处，原板桥大队驻地，今属绵虒镇板桥村。古道分为两部分，一段位于山腰，包括古道及疑似关口遗迹。该段古道为土路，残长约450米、宽约1米，距离河床垂直高差约30米。有石砌遗迹两处，在古道两旁相对而立。靠山处遗迹宽2米、残高1～1.5米。另一侧是石砌平台（基址前GPS坐标：N 31°24′28.2″，E 103°31′58.25″；海拔1372.6米），长2.3米、宽3.8米、高2.9米。根据形制推测应是关门及附属构筑物。"5·12"汶川大地震后垮塌。过关口后向北下坡，大部分古道被毁，新路沿山脚而行，过板桥沟至村内老街。原沟上横跨木桥一座，已消失。另一段古道位于今村内老街（古道中段GPS坐标：N 31°24′43.52″，E 103°32′2.55″；海拔1313.7米），现改建为水泥路面，长约600米、宽约2.7米。道路两侧保留大量20世纪50至70年代的木结构房屋，多数已无人居住。

据80岁的朴大爷、94岁的朴婆婆（9岁时曾背茶包从绵虒到汶川）和67岁的武婆婆介绍：旧时此地曾有关口，现已垮塌。古道从绵虒经关口，在板桥沟过桥（原有一木桥，现已消失），经老街上七盘沟过沙窝子，入威州。现在的老街就是曾经的茶马古道，后期改为国道（G213、成阿公路），"5·12"汶川大地震后国道改道，古道成为村内道路，曾经沿此路可到七盘沟。街两边的房屋可供背夫们打尖住宿。

相关记载

板桥铺，在治北二十里。注：今绵虒镇板桥村。

——《阿坝州文库》编委会编：《阿坝州文库·（嘉庆）汶志纪略》卷一，四川民族出版社，2013年，第20页。

板桥塘，在县治北，距城二十里。系新保关汛拨兵驻守。

——《阿坝州文库》编委会编：《阿坝州文库·（嘉庆）汶志纪略》卷一，四川民族出版社，2013年，第21页。

自七盘行十里曰板桥沟，有居民，中设木厂，商人以巨木浮江中乱流而下，名曰放漂，至娘子岭脚下乃编筏运成都也。

——《阿坝州文库》编委会编：《阿坝州文库·（嘉庆）汶志纪略》卷三，四川民族出版社，2013年，第96页。

板桥沟，在治北二十里，沿沟越山，可通彭县。

——《阿坝州文库》编委会编：《阿坝州文库·（民国）汶川县志》卷一，四川民族出版社，2013年，第21页。

很早以前在沟上放有一木板过往行人得名。板桥大队驻地。

——汶川县地名领导小组编印：《汶川县地名录》，巴中县印刷厂，1982年，第39页。

板桥还有粥可卖，自此而上，除威州、茂州、叠溪、松潘而外，没有卖饭的了……

板桥而上，一路坦平，两山较为开朗，河水可走船。

——[民国]王天元著：《近西游副记》，南京提拔书店，1935年，第167页。

现状照

山腰古道现状

疑似关口的石砌构筑物　　　　　　　老街民居

老街古道现状

调查成果 ■（下篇：汶川段）

山腰古道现状

老街古道现状

从板桥远眺磨刀溪（南向北）

磨刀溪

磨刀溪位于板桥关北约 2 千米处，今属威州镇七盘沟社区青沙坪。因"5·12"汶川大地震和泥石流等影响，大部分古道垮塌。现山腰处保留一段古道（古道南端 GPS 坐标：N31°25′49″，E103°32′51″；海拔 1457.6 米），残长约 300 米。其中清理出的古道长 9.8 米、宽 1.6 米。道路中间有一道 0.2 米宽的石砌构筑物，其具体功用有以下几种可能：其一，路基，是古人修路时特意修筑，掺大量碎石块，以确保道路的坚固和良好的排水性能；其二，道路靠山侧路沿，因地震和山体位移等导致其位置出现一定程度的移动，即整体向外倾斜；其三，道路中间的分隔线，其作用和现今道路上的分割线作用一样，用于道路的分隔和确定方向。

山脚西北侧有数株笔直的百年古柏，推测该处原有一处宗教建筑，无史料记载。

此地曾有一溪，溪里多砂岩，易于磨刀，因而得名。现已无溪或河存在，仅能辨认出两山间有一干沟。磨刀溪早年受水灾影响，河床垮塌，河水淤积，故此段古道多在山腰。20 世纪末 21 世纪初，政府组织百姓搬迁至青沙坪，现保留棚户数间，多作为附近居民前往田地种植农作物和水果时的临时歇脚点。

据 66 岁的周婆婆和 47 岁的杨淑琴大姐介绍：磨刀溪为小地名，板桥关至磨刀溪、七盘沟的道路一直在半山腰，原有古道，但受"5·12"汶川大地震的影响，多次滑坡，现已无法通行。新中国成立前过往的骡帮很多且规模不一，大帮四五十头骡马，甚至上百头，小的则仅有数头。本地妇女在农闲时也会打临时工（指短途运输货物）。

相关记载

磨刀溪，治北二十五里，汉居。

——《阿坝州文库》编委会编：《阿坝州文库·(嘉庆)汶志纪略》卷一，四川民族出版社，2013年，第34页。

磨刀溪内的石头质甚细腻，可作磨刀石。

——[民国]王天元著：《近西游副记》，南京提拔书店，1935年，第167页。

现状照

古道现状

局部特写

磨刀溪古树

磨刀溪全貌

古道寻珍——茶马古道在阿坝（都江堰至汶川）

① 磨刀溪至大坪古道现状
② 从磨刀溪远眺板桥关（北向南）
③ 从磨刀溪远眺大坪（南向北）

七盘沟

七盘沟，又称棋盘沟，位于磨刀溪北 1.5 千米处。此处古道由磨刀溪经大坪（大坪头与小坪头合称为大坪）、老街过七盘沟至七盘山。磨刀溪至大坪头古道因"5·12"汶川大地震及泥石流等地质灾害破坏，无法通行。大坪头位于岷江东岸，七盘沟南侧，现保留部分古道（古道最南端 GPS 坐标：N 31°26′5.77″，E 103°32′43.83″；海拔 1370.6 米）。道路沿台地山脚而行，于临沟处下坡（原为石梯，现已消失）至村内老街，过七盘沟桥后上至七盘山（七盘楼）。原古道因改土造田等人为活动因素，数易其道，现已完全消失，具体线路无法考证，七盘山的七道拐尚存（后有详述）。

相关记载

七盘关，距城三十五里。

——《阿坝州文库》编委会编：《阿坝州文库·（嘉庆）汶志纪略》卷一，四川民族出版社，2013 年，第 16 页。

七盘沟铺，治北三十里。注：今威州镇辖七盘沟村。

——《阿坝州文库》编委会编：《阿坝州文库·（嘉庆）汶志纪略》卷一，四川民族出版社，2013 年，第 20 页。

七盘沟，治北三十里。汉居。

——《阿坝州文库》编委会编：《阿坝州文库·（嘉庆）汶志纪略》卷二，四川民族出版社，2013年，第34页。

涌泉寺，在七盘沟。元至正间建，有碑记。

——《阿坝州文库》编委会编：《阿坝州文库·（嘉庆）汶志纪略》卷二，四川民族出版社，2013年，第41页。

七盘山，在县北三十里，有七条路，险要非常。

——《阿坝州文库》编委会编：《阿坝州文库·（民国）汶川县志》卷一，四川民族出版社，2013年，第17页。

七盘沟，在治北三十里，源出汶彭界山上。入沟行二十五里，名雪花坪。再行三十里，有池，俗亦呼为龙池，然非白龙池也。

——《阿坝州文库》编委会编：《阿坝州文库·（民国）汶川县志》卷一，四川民族出版社，2013年，第21页。

七盘沟桥，在雁门乡境内。（按：民国时磨刀溪以北均为雁门乡辖。）

——《阿坝州文库》编委会编：《阿坝州文库·（民国）汶川县志》卷四，四川民族出版社，2013年，第92页。

七盘沟，原名"旗盘沟"。站在七盘山上看此地像一面"旗帜"得名。又传：在七盘沟下段较平坦处犹如一个"棋盘"。现名是简写得名。

——汶川县地名领导小组编印：《汶川县地名录》，巴中县印刷厂，1982年，第20页。

七盘沟沟口甚宽，多大石，可见盛暑天气必有洪流。道旁岩石断处现冲击而成之各层石卵，今已高于河面数百尺。自然之伟大如此！

——［民国］王天元著：《近西游副记》，南京提拔书店，1935年，第168页。

板桥早发七盘沟，残月如钩。晓风吹起毵毵柳，门外碧溪流。山明水秀，好风景在场头。萧萧竹林天容瘦。水碓鸣榔，闲点缀花间篱豆，却少个临风招展旗飘酒。山势渐夷道，上坡路不平不陡，螺旋蚁折，恰似巴江学字流，整整的七盘消受。攀跻到岭头，望威州绝似齐州，云烟点九。

——张宗品主编：《松游小唱绘图本》，四川美术出版社，2004年，第41页。

现状照……

古道现状

①　①荒废的石室墓
②　②已暴露的石棺葬
③　③大坪全貌

调查成果（下篇：汶川段）

231

七盘楼

七盘楼，又称棋盘楼，位于七盘沟北侧七盘山山脊上（遗址中心 GPS 坐标：N 31°26′58.4″，E 103°33′5.85″；海拔 1485.8 米）。唐李德裕所建，现已消失。原山脊上还有武侯庙等建筑，后均毁，今山脊各处地面仍散见布纹瓦片及各类建筑遗物。七盘楼遗址下半山腰为石棺墓葬群，墓葬多数被盗掘。此处原设关口，过关口北上至沙窝子。七盘关地势险要，南可观磨刀溪，北可眺威州城。

相关记载

薛氏曾曰：汶茂之间旧有干溪城、柔远城、宋恭城、新山城、通鹤城、龙溪城、望汉城、安远城、挡狗城，共九城。按汶有干溪堡，保县有挡狗城，柔远城在治北七盘沟，通鹤城在今之雁门。余无考。

——《阿坝州文库》编委会编：《阿坝州文库·（嘉庆）汶志纪略》卷一，四川民族出版社，2013 年，第 17—18 页。

《寰宇记》曰：七盘山在汶川县北九里，上有七盘坡。唐大历十四年吐蕃入寇，分道出茂州，又扶文官，军败之于白坝，又追之于七盘山。此七盘山之名所见也。但考七盘山在汶旧治之南十里，今云在北九里，误也。

——《阿坝州文库》编委会编：《阿坝州文库·（嘉庆）汶志纪略》卷三，四川民族出版社，2013 年，第 95 页。

李德裕克吐蕃,于维州路设五军,汶川地设三军,松茂路设三十六关堡,汶地有四关五堡。于松建七层楼,茂建镇岷楼,维建筹边楼,汶川建七盘楼,以重边防。

——[清]吴羹梅修,[清]周祚峄纂:《理番厅志》卷六,清同治五年刻本。

七盘楼踞于一高阜,大路盘折而上,七盘之名或以此。楼,乃唐李德裕筹边楼之一,此刻墙基俱以模糊矣。

——[民国]王天元著:《近西游副记》,南京提拔书店,1935年,第168页。

七盘山武侯庙,在治北,山岭有古庙,题曰丞相武乡侯祠。神象森严,年久祠倾。明万历年二十三年,西川按察使刘孟雷者,过而祀焉,且命邑令杨某重修祠宇,建春秋祀,泐文于石曰:惟公龙卧南阳,忠扶汉室,管乐岂俦,伊吕其匹。奋志讨贼,尽瘁勤王,义不两立,帝业重光。惟维兴汶,声教旁暨,仰止咸名,百世不替。爰秩祀典,崇报勋劳,苍山碧水,遗像清高。望神格止,辑宁西边,锄暴佑良,亿万斯年。清乾隆嘉庆间,庙祀犹存。

——《阿坝州文库》编委会编:《阿坝州文库·(民国)汶川县志》卷五,四川民族出版社,2013年,第145页。

七盘楼先贤祠,在旧治南七里,旧有七盘楼,祀历朝名宦:秦蜀守李冰,汉文翁、诸葛武侯、姜维,唐李德裕、严武、韦皋、杜悰,明张瓒、孙仁。清废。

——《阿坝州文库》编委会编:《阿坝州文库·(民国)汶川县志》卷五,四川民族出版社,2013年,第145页。

相关诗词

七盘古道

清 邑生 高辉斗

由来蜀道共称难，谁把蚕丛凿七盘？
丞相庙临江水激，卫公楼衬日光寒。
征衣半透朝云润，骏马高衔晓月残。
行到山头回顾望，不知何处是层峦。

——《阿坝州文库》编委会编：《阿坝州文库·（民国）汶川县志》卷七，四川民族出版社，2013年，第228页。

现状照

七盘楼遗址

石棺葬墓地全貌　　　　　　　石棺葬现状

崖墓内部结构

崖墓环境

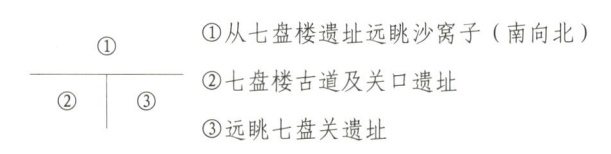

①从七盘楼遗址远眺沙窝子（南向北）

②七盘楼古道及关口遗址

③远眺七盘关遗址

沙窝子

沙窝子，又称沙窝，位于七盘楼北侧山腰处一片东西长约750米、南北宽约120米的台地上，今属威州镇万村1组。由七盘楼垭口至沙窝子古道数经改易，具体线路无法探明。台地中部生长着一颗有百年树龄的槐树，槐树旁有观音庙一间（门前GPS坐标：N 31°27′1.81″，E 103°33′33.25″；海拔1465.6米）。观音庙为单体木结构建筑，坐东南朝西北，局部垮塌，面阔7.5米，进深7.1米。台地原有近百户居民，往来商队也经常驻足于此，十分热闹。"5·12"汶川大地震后，居民已搬迁至威州镇、绵虒镇等地，现保留部分耕地及果园。

据58岁的孟德喜大哥、55岁的苏紫花大姐和49岁的牛大哥介绍：古道自七盘楼下山至沙窝老街，经撂官崖至姜维城，再下山沿河至校场村入威州城。现在大部分道路已改为机耕道或垮塌消失，仅撂官崖有一段古道。旧时，观音庙前的街道就是老街，两侧设驿站等，背夫们可在此解决食宿，但这些建筑在20世纪六七十年代就拆除得差不多了，地震之后更无人在此居住了。

相关记载

沙窝子，治北三十五里，汉居。

——《阿坝州文库》编委会编：《阿坝州文库·（民国）汶川县志》卷二，四川民族出版社，2013年，第50页。

沙窝。越七盘关后，俗有"飞剑斩五龙"之传说。验其地势，良似。而积沙成岩，一望无际，亦奇观也。

——《阿坝州文库》编委会编：《阿坝州文库·（民国）汶川县志》卷七，四川民族出版社，2013年，第199页。

沙窝子奇景之一。大风起于河底，卷来白色细沙，堆成无数小阜，排成一列，老沙堆上已生草木，陵谷变迁之痕迹，于此又可见一斑。

——［民国］王天元著：《近西游副记》，南京提拔书店，1935年，第168页。

岭上风光分外明，路旁沙色白如银，像一所玉屏，寻不出刀痕斧痕。纵刀切斧断，无此齐整。风起皱沙纹，俨如片片龙鳞影。

——张宗品主编：《松游小唱绘图本》，四川美术出版社，2004年，第43页。

相关传说故事

沙窝子

从成都西行到汶川旅游，无论你是乘坐旅行车还是自驾，只要一过七盘沟工业学校处的那个大湾，就会看到一个方圆半里的大沙滩和一座高高的沙山，当地人称沙窝子。每当风起，尤其是午间的时候，风卷起泥沙漫天飞舞，令人睁不开眼睛，沙子打在人的脸上或手上，生疼生疼的；汽车穿行其间，卷起的尘沙淹没车辆、行人。倘若下车到沙山或沙滩上玩耍一会儿，你会感到仿佛进到了浩瀚的沙漠一般，乐趣无穷。这在川西其他风景区是见不到的哦！说起这沙窝子的由来，还有一段难忘的故事呢！

很久很久以前，七盘沟山上山下原始森林郁郁苍苍，参天大树遮天蔽日，雄伟的七星庙就掩映在绿树浓荫之中。山涧流水淙淙，林里鸟语花香，风光旖旎诱人！龙王的小女儿（名叫小龙女）常到七星庙来与七星老人对弈。小龙女的棋艺高超，七星老人经常败在她的手下。小龙女下棋累了，总爱在午后下河去洗澡，她洗澡的那个地方，是处河湾，像个大铜盆，潺潺的流水清澈见底，时时散发出一股股爽人的凉气。她洗完澡就在太阳下浴光养神。高兴起来，她还同侍女们在沙滩上唱歌跳舞。她们唱苔西（情歌）或跳萨朗（边舞边唱的一种舞蹈）时，百鸟也会从密林中飞出来伴唱！

七星庙里供着弥勒佛、燃灯古佛、天王菩萨。后天井是一座观音殿，塑有观音菩萨，是和尚们做功课的地方。前殿有一香炉与香架，是善男信女烧香还愿的地方。七星庙飞檐斗角，庙檐下挂着铜铃，微风一吹，叮叮当当清脆悦耳的铜铃声十里可闻。七星老人主持庙务时，香客云集，香火兴盛。可自从来了个白胖和尚，尤其他掌管了庙里香火后，七星庙就不清静了。白胖和尚四十开外的年纪，从不认真诵经与供奉菩萨，且好酒好色，人们背后称其为贼和尚。他外出化缘，见了美貌女子就垂涎欲滴，动手动脚，或偷偷摸摸地爬墙进院，专谋不轨。一些良家女子到七星庙烧香还愿，贼和尚就想方设法地把女子骗入内室，以达到他那可耻的目的。许多良家女子受害后，有苦说不出，还愿不久就含泪寻短见了。

后来，人们慢慢地知道了贼和尚的底细，恨得咬牙切齿，摩拳擦掌，要揍这个作恶多端的贼和尚。可是遇不到时机，又怕得罪了佛门，神灵怪罪，时间长了，善男信女就不到庙里烧香还愿，七星庙里的香火就不旺了。七星老人知道其中的原因后，就与小龙女商量了一番，决定要狠狠地惩罚这个佛门败类。

一天，阳光灿烂，山林中百鸟齐鸣，十分热闹。一个白胡子老人领着一位如花似玉的女子穿过古木森森、青翠茂盛的林子，进到庙里烧香还愿。贼和尚一见美貌女子，口水就像牵线一样，流了三尺多长。他的兽欲使他似老虎饿了一样，不顾佛门的清规戒律，急于将女子弄到内室去"朝拜真佛"，了其邪念！

老人对贼和尚说："还愿，爷儿俩一起去！"

贼和尚说："使不得。"

老人说:"使得。"

贼和尚又说:"使不得……"

就在两人纠缠不休的时候,那女子趁机挣脱了贼和尚的手,一口气跑出了殿门,穿过松林朝山下的河湾奔去了。

贼和尚见女子跑了,一下恼怒起来,拿起禅杖朝老人打去。贼和尚打翻了老人,就一个劲地追赶那女子。他追呀追,追到一道山梁下的时候,只见那女子跳进了河湾的水中,跟洗澡的小龙女说话呢。贼和尚看到在水中洗澡与嬉戏的美女后,两个眼珠儿转都不转一下,恨不得把河中的美女一口吞下去。

小龙女见此,在河中大骂:"你不知羞耻,败坏佛门,残害良家女子,让你死有余辜,化成石头,永世不得翻身。"顿时,河岸上卷起阵阵狂风,刮起河中的沙子漫天飞舞,一下子把贼和尚掩埋得严严实实。

从此,七盘沟那铜盆似的河湾就变成了沙窝子。每到午时,风起沙飞,不停地掩埋那不要脸的贼和尚。那贼和尚的白胖的身子,就变成了白石头、白石膏了。七星老人也把庙宇迁走了,只留下庙子大坪残存在七盘沟的山梁上。

——陈晓华、陈阳天著:《汶川地名故事》,白山出版社,2015年,第29-31页,有删改。

现状照

疑似古道现状

民居现状

观音阁及内部梁架结构

沙窝子全貌   从沙窝子远眺姜维城（南向北）

摺官崖

摺官崖，又称摺官岩、廖化岩，位于沙窝子北1千米处（北端临崖侧GPS坐标：N 31°27′26.57″，E 103°34′1.41″；海拔1370.5米）。大部分古道因"5·12"汶川大地震和泥石流等地质灾害影响，垮塌消失，现存古道长约500米，其中一段在基岩上石砌而成。现无法抵达进行实地观察，估计宽约2米。此地名来源有两种说法，一说是与三国时期名将廖化有关，但无具体内容。另一说与"官"有关（下有详述）。

过摺官崖，沿半山道路至姜维城山脚，再进校场坝，过威州城，可到雁门关。

相关传说故事

摺官岩

罗世泽 搜集整理

据说，从前羌寨还没有管理行政的官，只有一个管理农事的官，叫作农官，每年农历四月初一祈天、十月初一谢天，都由农官做主祭。年终，各寨羌民不管田地多少，都给他交粮，节日里，还要送酒和猪膘作为拜节，不管收成好坏都得这样，因为这是早就订下的规矩。

农官是世袭。不知传到哪代农官，这人特别凶狠，酒、色、财样样都爱。他为了享乐，便加重粮税，抽派大批羌民给他修衙门，作苦役。酒食之余，他就到处寻花问柳，侮辱妇女，花天酒地，无恶不作。不久，他和沙窝子庙里的一个年轻尼姑勾搭上了，经常借口到庙上求神，实则和尼姑暗中往来，形同夫妇。后来，他竟把去沙窝子求神作为一种常规，将每月初一和十五定为求神日，除了他自养的狗腿外，要各寨派二十四名民夫，为他抬轿、搬物。他还强迫羌民捐款培修庙宇，并要以最快速度把庙修好，以便他和尼姑享乐。给他服役的民夫不管天晴下雨、农忙农闲都得按时就点，否则就要受到罚款、挨打、坐牢等惩罚。农官为人凶残贪婪，上勾结官府，下与地方财主狼狈为奸，欺压穷苦羌民，赋税重，加上劳役频繁，使得广大羌民无法生活，怨声载道。他由于酒色过度，身染梅毒，全身脓疮，脸上一团酒糟红鼻，加上一双三角眼，似鬼非人，真使人讨厌，所以羌民们叫他"伏三"（即"脓官"），有的干脆叫他"麻干起"（即脏东西）。

各寨羌民不堪农官压迫，就在月里寨秘密集会，杀鸡宰羊，祷告天地，决心共同除掉这条恶狗。会上大家血酒盟誓，并商量决定，在次月初一或十五趁农官到沙窝子求神时，由二十四名民夫动手除害。

次月初一，该木白里寨的青年担任杂役民夫了，全寨羌民提前两天就把家中贵重东西搬走了，准备除害后逃跑。二月初一早晨，天刚亮，催夫的锣声响了，二十四名青年民夫辞别家中老小，商定了除害动手时的暗号，然后向农官衙门走去。

太阳刚搭山头，农官的管家命令民夫备轿，收拾祭祀用品，并将农官背扶上轿，二十四名民夫抬轿、撑旗、搬物，前呼后拥，热热闹闹向沙窝子进发。沿途往来行人很多，民夫们无从下手除害，大家却机智地伺机行事。不多时来到离沙窝子约莫二里路的地方，这里悬崖峭壁，岷江在下面怒吼，真是一个险要的地方，这时恰好路上没有行人，正是下手的好机会。领头的民夫使了一个眼色，高声叫道："二十四名民夫到齐没有？"大家听到暗号有所准备，齐声应道："到齐了！"全部民夫围着轿子，前面抬轿的民夫喊道："岩下尽是花"，后面抬轿的应道："脓官回老家！"语音还没有完，可恶的农官连同轿子以及两个为虎作伥的狗腿，一齐被扔到悬崖下了，作恶多端的农官被滔滔岷江卷走，这是他应得的下场。后世人便把那座悬岩叫作"摞官岩"。

"摞官岩"至今还耸立在成阿公路旁，每个路过的人都喜欢听关于它的故事。

流传地区：汶川县境内

——张力总编，《羌族民间故事选》，
羌族文学编辑部编印，2001年，第62-63页，有删改。

现状照

古道现状（石砌基础）

古道现状

古道全貌

从撬官崖远眺姜维城（南向北）

从撬官崖远眺沙窝子和七盘楼（北向南）

姜维城

姜维城，又称古城坪，位于撂官崖北约2千米处（遗址中心GPS坐标：N 31°28′34.78″，E 103°35′0.7″；海拔1457.79米），今属威州镇双河村。原古道沿山腰行至姜维城后由南沟入威州城，现已消失。现存汉代夯土城墙、明代石砌城墙、汉代石棺葬、明代石室墓、崖墓等遗迹。姜维城为第六批全国重点文物保护单位，保护范围东至南沟、北至威师附小围墙，西至皮防所住宿区公路，南至点将台后山山梁（即整个姜维城古文化遗址以及威师附小后山明长城两侧60米以内）。其建设控制地带为：保护范围外延50米。遗址包含了新石器时代、汉代、宋代以及明清时期遗存，有着丰富的文化内涵。城墙为泥土夯筑而成，保存较差，仅保留部分城墙，城墙上有夯洞和夯筑痕迹。据传，三国时蜀国大将姜维曾于此驻防。2000年及2002年四川省文物考古研究院对其进行过两次发掘。

姜维城遗址东南侧近山脚处有夯筑土堆一处，据传为姜维修筑的点将台，根据实地踏查，推测应是烽燧。现墩体开裂严重，基址四周不同程度垮塌。

姜维城遗址西侧有现代修建的禹王宫一间，木质结构，现作为姜维城文物管理站。

相关记载

　　汶川故城，在今威州废城东山腰之坦平处，基址尚存。明弘治中迁威州于汶川。知州赵符节、千户赵方筑威城包玉垒，在城内石壁刻玉垒山三大字。汉之绵虒，晋唐以下之汶山、汶川，俱系故城。

——《阿坝州文库》编委会编：《阿坝州文库·（嘉庆）汶志纪略》卷一，四川民族出版社，2013年，第3页。

　　新保城东十五里有西平堡，土人呼为姜维城。或曰误也，昔吐蕃酋长名姜古，曾筑此堡，故名姜古城，然不可考。

——［清］吴羹梅修，［清］周祚峄纂：《理番厅志》卷六，清同治五年刻本。

　　在今理番县新堡乡东山腰之坦平处，即清古城坪，今俗所称之姜维城是。明洪武中，拟迁威州于汶川，知州赵符节、千户赵方筑威城包玉垒其内，石壁刻玉垒山三大字。汉之绵虒，晋唐以下之汶山、汶川，俱系故城。宣德七年，以生番袭破霸州，遂徙玉垒，更名威州，而迁汶川于寒水驿。今汶城绝小，因驿治也。

——《阿坝州文库》编委会编：《阿坝州文库·（民国）汶川县志》卷一，四川民族出版社，2013年，第14页。

　　晚塞暮云横，凉月又东升。山深况复又秋深，西风飒飒肩舆冷。何处远人村，烟火迷离，茅屋柴门，疏篱透出寒灯影。姜维城下起笳声，忍听秋贲。不必雨纷纷，已是行人欲断魂。

——张宗品主编：《松游小唱绘图本》，四川美术出版社，2004年，第47页。

姜维城遗址南北长约400米，东西宽约250米，面积近10万平方米，是岷江上游地区少有的占地较大、文化内涵丰富且文化遗存保存较为完整的遗址。其遗迹时代绵延上下五千年，历经新石器时代、汉代、三国、晋代、唐代、明代和清代，包括新石器时代文化遗址、汉代汶山郡夯土城墙、三国点将台、明代石砌城墙和自秦汉时期以来不同时期的古墓葬。

1. 新石器时代文化遗址

位于威州镇南沟左侧二级台地的北半部分，发现于20世纪二三十年代。2000年经国家文物局批准，由四川省考古研究所、阿坝州文物管理所、汶川县文物管理所联合进行了试掘，发现距今5500～5000年前的文化原生堆积，挖掘房屋居住遗迹4处，灰坑30多个，出土大量陶片、彩陶、骨器及石器，其文化面貌与茂县营盘山遗址基本一致。

2. 汉代汶山郡夯土城墙

位于姜维城台地北半部分，与新石器时代文化遗址相叠压。西汉元鼎六年（公元前111年）设汶山郡于此。城址呈长方形，残存西、南两段，整个城墙东西长约200米，南北宽约150米，总占地面积约30000平方米。城墙以黄泥夯筑，内夹木棍或圆木为筋。西残墙高10米，底残宽4米，顶宽1米，长100米，墙拐角处有马面垛，高10米，宽10.3米，长15米；南残墙高8米，底宽3米，顶宽1.3米，长约90米。

3. 明代石砌城墙

始建于明弘治年间，平面布局呈椭圆形。片石砌筑，依山就势，南包玉垒山，西边顺山而上达姜维城，将新石器时代彩陶文化遗址、汉代汶山郡城址包围在内，全长1700米，高4～6米，宽2～3米，墙垛1600个，雄伟壮观。

明城墙经历了多次地质灾难却没有倒塌，宛如一条巨龙盘旋在玉垒山上。昔日，站在点将台上，望见对面的山上有一条巨龙，气势磅礴，所以很多人误以为那就是姜维城。只可惜，2008年5月12日，一场特大地震终于使之如巨人般倒下。今天，我们还能在秉里村的寨门口看到它残存的墙基，遥想它昔日的壮观。

4.历代古墓葬

主要分布在姜维城台地南半部分，包括秦汉石棺葬、汉晋唐宋砖室墓、明代石室墓等形制。各时期的墓葬相互叠压，数量众多。

姜维城西晋砖室墓，位于汶川威州镇东南姜维城山南侧半山上。1989年，附近村民取土时发现，现已被扰乱。墓中发现1块纪年铭文砖铭有："太康六年九月吉日造作。"

——阿坝师范学院编撰委员会编写：《青藏高原环境与山水文化·汶川卷》（一审稿），2017年，第164页。

相关诗词

姜维城

佚名

平襄扶汉立边功，千载峰头雉堞雄。
芳树尚余营柳绿，晴霞犹作阵云红。
兵机不愧师龙凤，将略何惭继虎熊。
飒飒英风人共说，旌旗如在女墙中。

——《阿坝州文库》编委会编：《阿坝州文库·（民国）汶川县志》卷七，四川民族出版社，2013年，第236页。

相关传说故事

姜维筑城

汶川城南山腰上的姜维城遗址及其上两段厚厚的城墙与一个大土堆（点将台），汶川人不知者寥寥无几；但姜维征西时百里联营，修建的战堡多达数十处，为何只在威州建筑了规模宏大的汶山郡城呢？说起来还有一个不为人知的故事。

姜维是诸葛亮培养起来的一员大将，他才兼文武，思维缜密，见解精到，对用兵谋略尤其擅长。蜀汉后期，姜维掌握了蜀汉军队的大权，先后九伐中原，几乎连年征魏，超出了蜀国经济所能负担的极限，严重地削弱了国力。当时蜀汉国内黄皓专政，皇帝刘禅昏庸，朝政混乱，姜维心怀畏惧。黄皓暗地策划夺取姜维兵权，姜维觉察到自己的处境危险后，便借口汶山郡边地骚乱，拥军在汶山郡（今城南山腰台地）古城坪上修城池，不愿再回朝廷。相传，他把城堡修得非常雄伟壮观，几乎能与锦官城里刘禅的皇宫媲美！

姜维回不了锦官城之初，他觉得无所谓，反正蜀国的兵权在他手上。再说汶山郡城离西川坝上的锦官城也不远，汶山郡城里吃住也不差。但随着时间的推移，韶华的流逝，姜维越来越思念皇上刘禅。他想起在皇上身边的日子，怀念"君臣一气，魂魄相依"的鱼水关系，他真想立刻回到锦官城，回到皇上身边去，可他又怕黄皓等人的阴谋加害；他想把刘禅皇上接到汶山郡来，又怕皇上见到汶山郡城修得跟皇宫一样气派，责怪他"高筑城墙，有立异邦野心"，到时有口难辩。就在他寝食难安的时候，突然接到从锦官城传来的圣旨，说是皇上刘禅要亲来汶山郡：一是视察军政要务；二是锦官城里炎热，来此避暑。姜维知道，实是皇上在宫里闷久了，出来寻求新鲜刺激。他在朝廷时常见皇上要董允为他选美女充实后官，但遭到董允的抵制。

董允主持皇宫事务达20年，他处事正直，不偏不倚，上对皇上刘禅扶正补救，下率群臣恪尽职守，且尤其注重防微杜渐，对危害国家的事严加防范。刘禅不顾蜀汉社稷，偏安一隅，也不念创业艰难，一心贪图享乐，特别喜好扩充宫廷乐舞班子。董允一一阻止。刘禅不时还想多选美女充实后宫，董允更是据理力争，指出皇上不该再增加嫔妃，这使刘禅记恨在心。

数日之后，刘禅一行来到汶山郡城，见这里"三山雄秀，二水竞流"，郡城楼台高筑，跟他的皇宫无多大的差别，心中虽有不乐，却没有流露在脸上。刘禅便对姜维说："姜爱卿，你这儿倒是有点皇宫的味道，就是没有宫娥彩女，何不邀一些山野村姑来唱唱山歌、跳跳歌舞，为朕助兴啊！"姜维正不知如何是好时，忽听皇上要歌舞助兴，连忙命手下人前往各山寨请那些能歌善舞的年轻小伙、姑娘到古城坪上唱山歌。到了夜晚，氐羌小伙、姑娘在坪上燃起堆堆篝火，摆上当地人家酿的坛坛酒（咂酒），且在酒坛里插上若干支吸酒杆，然后围着篝火跳锅庄，唱山歌，把刘禅乐得前仰后合，笑逐颜开。

后来，小伙、姑娘们跳舞跳累了，就围坐在篝火旁唱山歌。歌词唱道："远古的时候，大地一片莽原，牛羊成群多兴旺，氐羌儿女乐无边。无情的天灾与战乱，羌人失去了美丽的家园。为寻求幸福的源泉，九支人马都冲散……"唱得刘禅连连摇头，说："不唱歌谣，唱山歌。"于是，小伙、姑娘们马上就唱山歌："清早起来就上山，直到晌午才得还；家家都说收成好，玉麦上市不值钱。""天上星多月不明，地上坑多路不平；河中鱼多搅浑水，世上官多不太平。""地里玉麦青又青，土司头人害百姓；玉麦只怕天气旱，黎民百姓怕昏君。"刘禅听不懂羌语，经人翻译后，连连摆手，说："不唱这个，不唱这个……"姜维看了，便下令叫跳羊皮鼓舞。立刻就有十几个小伙子，头缠白帕子，身穿羊皮褂，脚着绣有云朵的云云鞋，左手拿着羊皮鼓，右手拿着击鼓槌，阵型时而方，时而圆，鼓点咚咚，舞步声声，震得山响。刘禅开始觉得够味道、刺激，有一种回肠荡气之感，可随着跳舞的时间一久，他便觉得有些单调乏味了，最初的兴奋劲儿渐渐地没了，脸色也由晴转阴了。姜维便向翻译说："叫他们用汉语唱些有'味道'的歌如何？"翻译就向那位领舞的男子喊道："唱苕西（情歌）。"鼓声停，苕西起："阿妹长得白漂漂，好像山上水蜜桃；今生若不咬一口，不得相思也成痨。郎想妹来妹想郎，二人想得脸皮黄，见面没说半句话，搂抱一起诉衷肠。"

唱得刘禅在城墙上又喝酒来又抚须……悠悠扬扬的歌声和着人们的嬉笑声，在古城坪上久久地回荡。

刘禅在汶山郡城一住就是半个月。一天，他在酒足饭饱之后，说要到校场坝阅兵，看兵士操练。那天，姜维陪着刘禅游了鸣凤楼和钟鼓楼，转了水榭又转假山，大臣护卫、宫娥彩女都围着他，刘禅快乐极了。一行人从山腰城里来到山下的校场，刘禅要检阅军队。初夏时节的汶山郡，天气开始有些炎热了，刘禅看完五千多名兵士的演练后，早已热得满头是汗。

姜维整队后，恭请皇上圣训。刘禅一边用袖筒拭汗，一边对兵士们讲话。讲着讲着，他发现一个个身披护甲、头戴头盔的兵士们在烈日下热得汗水直淌，便对身边的姜维说："这样热的天气，叫他们把头上的头盔取下来吧！"

下边的兵士们一点动静都没有，似乎没听见一样。刘禅认为这些兵士们可能是没听懂他的话，便又大声地道："这样大热的天气，你们把头上的头盔取下来吧！"下面跪着的兵士仍然一点反应都没有。他急忙转过脸来对身边的姜维道："天气这么炎热，叫他们取下自己头上的头盔吧。"姜维见状马上站起来，向前迈出一步，只用手中的三角小旗晃了一下，"唰"的一声，五千多兵士立刻将头盔摘了下来，整整齐齐地放在各自面前的地上。姜维心里甜滋滋的，含笑退回到刘禅的身边。

姜维的这一举动引起了刘禅的不高兴。刘禅表面上不动声色，心里却在暗想："这太不给我面子了，这还了得。兵士们不听我的话，部队就更不会听我的调遣了，我这皇帝有何尊严啊！"同时，这一切也被随行的黄皓看得明明白白。

事后，黄皓专权，并策划夺取姜维的兵权，不能不说明里暗里都是得到皇上刘禅的默许的。所幸的是当时魏军大举攻蜀，刘禅、黄皓来不及采取措施，刘禅便被邓艾带到了魏国的洛阳，蜀亡。

——陈晓华、陈阳天著《汶川地名故事》，白山出版社，2015 年，第 15-18 页，有删改。

传说二则

姜维城之修筑与得名，均源于三国蜀汉名将姜维。然其为姜维自己所筑，还是为蜀汉汶山太守王嗣所筑，却有两个不同的传说。一说是姜维为避祸所筑。蜀汉后期，黄皓专权，刘禅昏庸，黄皓暗地策划夺取姜维兵权，姜维觉察到自己的处境危险后，便借口汶山郡边地骚乱，带军在汶山郡古城坪上修筑城池，屯兵练武，百姓因之命名为"姜维城"；一说为汶山太守、安远将军王嗣在蜀汉被灭、姜维以身殉国之后，为报答姜维知遇之恩，纪念姜维平定汶山之乱，依然下令筑城坚守，并将之命名为"姜维城"。

传说不同，但都表现出了当地人民对忠君爱国精神的歌颂与赞扬，也表现出了当地自古以来各民族之间互融互通、和谐共处的文化风貌。王嗣在得姜维极力推荐而出任汶山太守、安远将军后，实施了一系列措施，有效地实现了各民族和谐共处，共同繁荣，如《三国志注》所言"绥集羌胡，咸悉归服"。而汶山郡各族人民也都为蜀汉姜维九伐中原提供了强有力的支持，如《三国志注》所书，"大将军姜维每出北征，羌、胡出马牛羊毡毦及义谷裨军粮，国赖其资"。

——阿坝师范学院编撰委员会编写：《青藏高原环境与山水文化·汶川卷》（一审稿），2017年，第164页。

现状照

调查成果 (下篇：汶川段)

汉代城墙

姜维城全貌

从姜维城远眺撂官崖（北向南）

明城墙分布现状

姜射坝

姜射坝，又称姜舍坝、姜室坝、尖石坝，位于姜维城北约 3 千米处，今属威州镇双河村。姜射坝的古道已无遗迹可寻。原古道有二：一条沿山脚而行，现其大部分与国道（G213、九黄线）重叠；另一条沿山腰而行，至雁门。该处地名中的"舍"和"室"都作"屋舍"的意思，传说古时附近有官兵驻守，将此作为他们妻儿的居住场所；地名中的"射"则为"射箭"的意思，相传古时官兵将此地作为打靶射箭之地。当然，也有可能是人们口耳相传而产生了差异。姜射坝北 100 米有"天门洞"奇石（奇石崖下 GPS 坐标：N 31°29′6.41″，E 103°36′36.49″；海拔 1368.6 米）。

相关记载

天门石墩，距城四十五里，正德二年建。界内有天门洞，三姐等寨出没要隘。今废。注：又称天门洞，在雁门乡过街楼南路口。

——《阿坝州文库》编委会编：《阿坝州文库·（嘉庆）汶志纪略》卷一，四川民族出版社，2013 年，第 16 页。

姜舍坝，治北四十五里。汉居。世传姜维于此舍兵。

——《阿坝州文库》编委会编：《阿坝州文库·（嘉庆）汶志纪略》卷二，四川民族出版社，2013 年，第 34 页。

姜舍坝因三国时姜维曾屯兵于此故名,但现刻姜舍坝已被人呼作尖石坝了。

——[民国]王天元著:《近西游副记》,南京提拔书店,1935年,第169页。

相关传说故事

姜射坝

在今汶川城东约一公里处的岷江岸边,有一长300米、宽100米的开阔地带,相传是三国时期姜维率兵勇士卒练习骑马射箭的地方。在岁月的浸染之下,靠山一端的岩石虽然表皮斑斑驳驳,却仍有后人在那里看到了折断的箭镞和嵌进岩石里的铁箭头。对于地名的来历,《汶川县地名录》和《汶川县志》都诠释为"姜舍坝"。这是怎么回事?说起来还有一个美丽的传说呢!

相传蜀汉时汶山羌暴动,大将姜维、马忠、张嶷曾领兵讨之。最初,今城南山腰台地上的作战城堡还没有修建起来,大将姜维行营及家眷总得选一个合适的安身处所。一天,姜维身着铠甲骑在马上,风尘仆仆地来到岷江岸边的一块开阔地带,见此地背山面水,即使北方边民来骚扰,也只能隔江而望,是一块安营扎帐的好地方。于是,姜维便下令在此安营扎帐。这一住就是四五年,直到山腰台地上的作战城堡修好后,大将军姜维的行营才迁到城堡里(即今天人们俗称的姜维城)。

姜维城堡规模宏大,建筑雄伟,高墙重围,壁垒森严,住在里面确实是安安全全的。可姜维的老母与夫人觉得整天被高墙围着,非常郁闷,尤其是姜维的老母,常气短心慌、胸闷头痛,吵着要搬回江边去住。虽说姜维带兵打仗,杀人无数,但对自己的母亲确实是百依百顺、孝敬有加。为满足母亲的心愿，他便下令部下请工匠按照当地边民的住房式样，在曾经驻扎过的营地上用片石砌成几幢石墙石屋，并在天门洞之下修建了一座庙宇（即三官庙），让母亲在此烧香拜佛。姜维带兵在岷江上游征战十余年，凡无战事的时候，他便带领兵勇士卒在岷江岸边开荒种地，种植果树。他的母亲与夫人闲暇时，亦在房前屋后养花弄草。优美的环境，清新的空气，使他母亲的病不治而愈！

传说当时姜母住处及四周环境十分优美，"石屋青山岷江边，往来日久自相便；数亩红白桃李树，一片青黄菜麦田"，这便是对姜母居住处的简要描绘。说是每到三四月间，岷江岸边一片片麦苗绿油油，一坡坡菜花黄灿灿；山上、江畔，一棵棵红白相间的桃李树，犹如被胭脂染了一般，风光景致十分美丽迷人。石墙石屋在桃花、李花、油菜花丛中露出的房背或屋脊，仿佛海洋中波浪间划出的鱼鳍；一缕缕炊烟从石屋或房脊袅袅地升起，丝丝缕缕地互相缠绕，在山腰上形成一片淡蓝色的轻纱，或在花海上浮动。和着山坡上牛铃的叮当声，和着边地人圈里猪羊的叫声，以及石屋里人们呼唤孩子回家的叫喊声，一切都是那样亲切……

传说是美好的，亦令人遐想。遥想蜀汉风云，大将军姜维先后在岷江上游征战十几年，从古城坪上的城堡里出来，在岷江岸边为其家眷修座家舍，想来也是可能的。要不然，此地名何以能从一千七百多年前一直沿袭到今天呢！

——陈晓华、陈阳天著：《汶川地名故事》，
白山出版社，2015年，第98-99页，有删改。

现状照

天门石近景

天门石环境

从姜射坝远眺威州城（北向南）

从姜射坝远眺过街楼（南向北）

过街楼

过街楼位于姜舍坝北约 1 千米处，今属雁门乡过街楼村。古道沿山脚而行，一部分古道与现国道（G213、九黄线）重叠，已无遗迹可寻；另一部分古道变更为村内道路，并经硬化处理，现长约 300 米、宽 3～4 米，东西走向。西端原有大型建筑一座，名称不可考，俗称为"红庙子"，于 20 世纪 60 年代受到破坏，"5·12"汶川大地震后完全垮塌，后全部拆除，改建为入镇主要道路。古道中心原为过街楼，即奎星阁（过街楼遗址中心 GPS 坐标：N 31°29′37.79″，E 103°36′54.71″；海拔 1358.2 米），20 世纪 60 年代被毁，之后被陆续拆除，现于街角可偶见散落的建筑构件。旧时古道两侧有车马店、饭馆等，为背夫们打尖投宿之地，并逐渐演变为十里村寨的贸易集散地。

据 79 岁的尚婆婆等几位老者介绍：今核桃树旁边原有一座大型庙宇，也是过街楼形制，俗称"红庙子"，二层内供奉了很多塑像，很宏伟、漂亮，"5·12"地震后全部拆除，就剩旁边一颗核桃树了。这一段古道大多是土路，四五匹马都可以并行。村内还曾有福缘寺、川主庙、武庙等，"破四旧"时已基本被毁。古道中心就是过街楼，也很大，柱子要二人合抱，二层供奉的塑像比"红庙子"还好、还多，还有魁星点斗。过街楼旁边为校场坝。沿着这条路往东就可以到雁门关。旧时，这个地方（过街楼）比汶川还热闹。原牌坊在古道入口处，现在这个牌坊是新建的。

相关记载

过街楼铺，在治北五十里。注：今雁门乡政府驻地。

——《阿坝州文库》编委会编：《阿坝州文库·（嘉庆）汶志纪略》卷一，四川民族出版社，2013年，第20页。

过街楼，治北五十里。汉居。

——《阿坝州文库》编委会编：《阿坝州文库·（嘉庆）汶志纪略》卷二，四川民族出版社，2013年，第34页。

福缘寺，在过街楼。明成化间重建。

——《阿坝州文库》编委会编：《阿坝州文库·（嘉庆）汶志纪略》卷二，四川民族出版社，2013年，第41页。

治北五十里过街楼，上下建二阁，高五六丈。书北宋景佑三年大学士范仲淹题上曰"岷山起凤"，下曰"汶水腾蛟"。墨迹犹存。

——《阿坝州文库》编委会编：《阿坝州文库·（嘉庆）汶志纪略》卷四，四川民族出版社，2013年，第110页。

过街楼夷齐庙，在治北。旧志云：庙奉二像，皆冠唐帽，衣红袍，居民以山神祀之。至乾隆四十二年，改修易像，中存夷齐名字，系明成化七年改建。庙前有冬青二株，大可合抱。今庙树皆不复存矣。

——《阿坝州文库》编委会编：《阿坝州文库·（民国）汶川县志》卷五，四川民族出版社，2013年，第145页。

传为唐李卫公所建，或曰即筹边楼也。虽无确证，然是院北枕雁门，西带岷江，固应为屯兵要地。迄今柳树荫葱，溪水曲流，于汶茂大道上，犹不失为风景可观之处也。

——《阿坝州文库》编委会编：《阿坝州文库·（民国）汶川县志》卷七，四川民族出版社，2013年，第199页。

过街楼当雁门沟口……沟水为人工范作深渠，骑渠有水磨两座，渠身曲折，渠边密种杨柳。

——[民国]王天元著：《近西游副记》，南京提拔书店，1935年，第169页。

十里过街楼，驻马场头，整冠束袖，特地访名流。尚家昆仲吾与俦，白眉犹说后来秀。姑勿论，九世明经，吾乡罕有。只这腹笥便便，果真是文坛老宿。一笑登堂语不休，清茶一瓯，强如坐对闲人酒。非我爱勾留，是西来好友，是生平畏友。欲别又绸缪，殷勤话旧。大丈夫各有千秋，赠言强当临歧柳。抵多少河梁携手，送我在雁门口。

——张宗品主编：《松游小唱绘图本》，四川美术出版社，2004年，第51页。

雁门乡过街楼为唐代卫国公李德裕将军始建，是一幢跨在街道上的二层重檐歇山式木结构建筑。故址应位于今雁门乡，地理位置为北纬31°49′，东经103°62′，海拔1514米。

过街楼羌语名为"朱甲"，阁楼下层奉祀奎星夫子，故又称奎星阁楼。北宋康定元年（1040），范仲淹以龙图阁直学士身份前往延州，出任陕西经略、安抚、招讨副使兼知延州。范公一路风尘从江西赶到四川，经成都前往茂州，路经汶川时，曾驻足过街楼稍事停留。诚如文正公自己所说，他终生"信圣人之书，师古人之行"，每到一个地方都要发掘当地人文精神以化育百姓。范公有感于汶川的雄山大川，题魁星楼上阁曰"岷山起凤"，下阁曰"汶水腾蛟"，并分别题名落款。世世代代的汶川人都视文正公题匾为镇阁之宝，珍藏上千年，仰慕范公人品和学识的读书人则拓字珍存。如《汶川县文史资料选辑》第一辑载，沙坝董致堂家的店堂粉墙上即书有范公"腾蛟起凤"拓字，典雅非常。就是在这种起凤腾蛟精神的鼓舞和激励下，汶川培育出了一代又一代的英才。

——阿坝师范学院编撰委员会编写：《青藏高原环境与山水文化·汶川卷》（一审稿），2017年，第145页。

过街楼既是古代松灌茶马古道的必经之处，也是兵家必争之地，官府在此驻兵设铺，称为"过街楼铺"，过街楼是清代汶川十八铺中最北的一铺。顾炎武《日知录》载："今时十里一铺，设卒以递公文"。过街楼所处位置是一块平坝，为多年江水冲击而成。昔日是附近村寨的农贸物资集散之地，马帮、骡帮络绎不绝，十里过街楼人来人往异常繁华。过街楼也是时贤名流荟萃酬酢之所，附近村寨的读书人多游学于此，迁客文人过此无不驻足停留。一千多年以来，过街楼屡经修葺，一直到民国初期，依然翘首于岷江之畔。

——阿坝师范学院编撰委员会编写：《青藏高原环境与山水文化·汶川卷》（一审稿），2017年，第147页。

现状照

古道现状（东向西） 　　古道现状（西向东） 　　"红庙子"遗址现状

过街楼原址　　　　　　　　　现代过街楼牌坊

散落的各类建筑构件

雁门关

雁门关，又称通鹤堡（城），位于过街楼北约1.5千米处，今属雁门乡过街楼村。城堡现存东、北两道城墙（北城墙上GPS坐标：N 31°29′44.85″, E 103°37′17.56″；海拔1364.5米）。东城墙在"5·12"汶川大地震后维修重建，现长约80米、宽3～4米、高5米；北城墙残长约20米，局部垮塌，荒草丛生，原村内残存的古道已硬化为水泥路面。旧时该城是北上通往茂县、松潘的咽喉要隘之一，原临关口处有山脚至垭口（关口）的石梯，多年来受人为因素和地质灾害影响，上关口古道已消失，关口原貌荡然无存。现关口东侧崖壁近顶端有石刻题记（崖壁下GPS坐标：N31°29′29.7″, E103°37′31″；海拔1405.7米）一处，风化严重，漫漶不清，可辨"□□水□"四字，年代不详。西侧崖壁现保留几处深浅不一的近方形柱洞，根据其所在位置推测应是古籍所载的临渊亭，旧时汶邑八景之一"雁门晴雪"便在此。

关口下有灾后维修、重建的川主庙、二郎庙等。

据72岁的尚泽书大爷（原村支部书记）、张文华大姐和王休英婆婆介绍：古道由威州城出北门，沿山脚过秉里、姜射坝至过街楼，后经麦地沟（初架木桥，常毁于水患，后多搭便桥）以达通鹤城，上坡，翻雁门关垭口（关口）至茂县。明代通鹤城荒废后，多经麦地沟过桥，沿山脚至雁门关。

相关记载

雁门关，距城五十里，即唐之通鹤军也。外有三墩，负山临水，最为险隘。嘉庆五年重修。

雁门堡，正统十年黑虎等番叛始设，嘉靖十一年重修。内提督一员，住札掌堡官一员、军兵六十九名、村堡主军六十名、戍军二十五名、番兵三十名。今废。

——《阿坝州文库》编委会编：《阿坝州文库·（嘉庆）汶志纪略》卷一，四川民族出版社，2013年，第15页。

雁门关塘，距城五十里。系茂州营南路汛拨兵驻守。

——《阿坝州文库》编委会编：《阿坝州文库·（嘉庆）汶志纪略》卷一，四川民族出版社，2013年，第21页。

雁门山，在旧治北二十里。《隋志》有雁门山即此山也。注：汶川旧城威州（古绵虒县）北。其最高山是光光山，主峰海拔4632米。

——《阿坝州文库》编委会编：《阿坝州文库·（嘉庆）汶志纪略》卷三，四川民族出版社，2013年，第93页。

雁门关内有堡，曰雁门堡，古为通鹤城。明指挥使宋琏建亭于江水边，曰临渊亭。毁于兵，基址尚存。咸牧范渊纪其事曰：汶山郡，蜀西要地，南去七十里有堡，曰雁门。上连松茂，襟喉之要也。官军戍守，必择智勇将官为之督，以专责成。正德间，镇巡推擢本郡御所武略将军宋公来典斯任。公智勇天成，尤读书好礼、精晓边务，尝曰：保障边城，可苟焉哉？必城池兵戎之雄壮也。堡之荒废，皆撤而新之。中有小亭，亭前有沼，活水流通，翠崖掩映。昔人以为憩息游观之所。公曰：居是任者，上系朝廷，下系生灵，居安思危，吾分内事，游观何暇焉？遂名其亭曰临渊。于憩息之际，其有惧心乎？《兵法》云：勿谓彼之不攻，惧我之不备。其心惴惴焉，恐吾城池之不高深也、兵甲之不坚利也、士马之未练习也、人心之未和顺也、以攻何由而取、以战何由而克、以守何由而固？凡此皆吾之事，敢不战战兢兢，存此心于无事时乎？予闻其言而壮之。盖天下事，未有不成于忧患而败于怠荒。后之继公，能以公之心为心，必无纵观游耽、杯杓流连废事矣。正德三年。

——《阿坝州文库》编委会编：《阿坝州文库·（嘉庆）汶志纪略》卷四，四川民族出版社，2013年，第109页。

雁门晴雪，在今雁门乡雁门山。晴天有雪（实为灰白色的岩石），晴天时距威州数十里可见。

——《阿坝州文库》编委会编：《阿坝州文库·（嘉庆）汶志纪略》卷四，四川民族出版社，2013年，第114页。

雁门沟，在治北五十里雁关内，源出汶彭界山上。沟较深，中有山通五寨，复入为四十里塘，一望平畴，待人垦殖。

——《阿坝州文库》编委会编：《阿坝州文库·（民国）汶川县志》卷一，四川民族出版社，2013年，第21页。

李锡书，山西静乐人，乾隆庚戌进士，号见庵。嘉庆四年到任。六年，署蒲江。八年，署蓬州，授同知。十二年，回任，重修文庙文昌宫，新建学署、明伦堂、启圣祠、奎星阁，重修雁门关，捐建本城上下二关，改修飞沙关新路。

——《阿坝州文库》编委会编：《阿坝州文库·（民国）汶川县志》卷二，四川民族出版社，2013年，第36页。

雁门，唐置通鹤军，为控制治北要地，通鹤城址，至今犹依稀在焉。

明宣德中移治后，于此置旧县里。清附上水里村村寨中。民国二十四年，划全县为七联保，雁门联保，其一也。二十九年推行新县制，改为雁门乡，至今仍旧。

——《阿坝州文库》编委会编：《阿坝州文库·（民国）汶川县志》卷二，四川民族出版社，2013年，第54页。

雁门负山临江（岷江），两岸壁立，中通一线，只有鸿雁可以飞越，故称为"雁门"。历代在此驻兵设关，为汶山郡及蜀西要地，习称雁门关。关下雁门沟流入岷江，沟口形成小块河谷平地，乡政府驻此。北纬31°29′，东经103°36′，海拔1351.7米。位于县城东部，距威州4公里……

雁门乡古为冉駹地，历属汶川县。明为旧县里，清属上水里，清末民初为过街楼团、雁门联保。民国29年建雁门乡，属汶川县一区，辖地自七盘沟至雁门关，共8保63甲：一保七盘沟、二保沙窝子、三保秉里、四保白水、五保青土坪、六保雁门关、七保索桥、八保萝卜寨。1950年11月成立汶川县雁门乡农民协会，改保为村，建村农协会，属威州区。1953年8月将七盘沟、沙窝子两村划属威州乡。1955年春土改结束改为汶川县雁门羌族乡人民委员会。1958年茂县南新乡的青坡、芤山大队划入雁门乡，组建为9村17社。一村：茨水、高峰、秉里；二村：上白水、下白水；三村：青土坪、通山；四村：麦地、月里、放马坪；五村：索桥、小寨子；六村：萝卜寨；七村：姜舍坝、过街楼；八村：青坡；九村：芤山。1959年4月划出秉里、茨水、牛脑（高峰）及姜舍坝属威州乡，成立雁门公社，辖8个大队（过街楼、芤山、青坡、白水、月里、索桥、萝卜寨、通山寨）19个生产队。1961年分建为雁门（过街楼、芤山、青坡、索桥、萝卜寨5个大队）、麦地（麦地、月里、白水、通山4个大队）两个公社，1964年4月仍合并为雁门公社，9个大队分散于岷江两岸及雁门沟，东接茂县南新乡文镇沟。南与彭县、灌县以光光山为界，西接威州乡，西北与克枯乡相连。总面积144.56平方公里。

1985年仍为9村、20个村民小组。过街楼村：过街楼；芤山村：一、二队；青坡村：青坡；萝卜寨村：一、二、三队；索桥村：一、二队及小寨子；月里村：月里一、二队及放马坪、大寨子；通山村：通山寨；白水村：上白水、下白水、青土坪；麦地村：一、二队。

——四川省阿坝藏族羌族自治州汶川县地方志编纂委员会编：《汶川县志》，民族出版社，1992年，第75-76页。

雁门关形势极为险峻，羌民聚居之萝卜九寨即在关外右方的山中，大路上也可以看见岭头的两个寨子。关前悬两泥堆，传为三国时周仓抖靴子的所在，岩上有一条黑褐色的纹路，传为周仓吸烟时插纸捻的地方。

——[民国]王天元著：《近西游副记》，南京提拔书店，1935年，第170页。

锁钥西来一雁门，是松州重镇。边气郁萧森，江间波浪兼天滚。周将军到此何曾？偏有这脱靴痕，双撑石笋。长途渐荡平，塘所烟墩，汉唐古迹今犹剩。

——张宗品主编：《松游小唱绘图本》，四川美术出版社，2004年，第53页。

故址位于汶川县城北雁门乡岷江西岸，地理位置为北纬35°00′，东经103°63′，海拔1363米。

雁门沟北侧三龙墩（因村民口音不同，又有称"三农墩""三龙灯"等）梁子直抵岷江，与对岸布瓦山尾峰相峙，中间一江。此处两岸壁立，中通一线，只有鸿雁能够飞越，故称"雁门"（羌语名"普兹格"）。雁门上通松茂，下接威灌，为蜀西要地，历代在此驻兵设关，习称"雁门关"。汉代实行"五里一燧，十里一墩，三十里一堡（铺），百里一寨（砦）"的边关防御体系，后代多有承袭，边境地区设置的城、堡（铺）、寨（砦）、关，也是一种地方行政单位。雁门关山梁高处设有烟墩，称"三龙墩"，墩即烽火台。这就是"三龙墩梁子"（最高海拔4150米）得名之由，因年代久远，村民不知原委，多讹音为"三龙登""三笼灯"或"三农灯"。

烟墩通常有数名守兵，称墩兵，距墩不远有驻兵，古代驻兵闲时耕种屯粮，故又称屯兵。遇有兵情，哨兵、墩兵即点燃存放的马粪以报警。唐代在此设立通鹤军，外有三屯，驻军兵，背靠山岭，面临岷江。清嘉庆五年（1800年）重修。1935年5月，红军自茂县南下至汶川，驻萝卜寨、小寨子、索桥村等地，自山腰小道到达三龙墩梁子，隔雁门沟与屯驻在沟南维顶山的国民党军队对峙。茂县九顶山以南、岷江以东与雁门沟以北的群峰，旧统称雁门山脉。自雁门关直达雁门沟尽头汶茂边界磨刀石梁子走向的山，旧时都统称为三龙墩梁子。雁门沟即位于三龙墩梁子与维顶山脉之间。所谓"三龙"，即此处雁门山脉、维顶山脉与岷江对岸布瓦山三山会聚，如三条巨龙会饮于此。而三龙墩视野开阔，是观测北来之敌的最佳处所。清道光十四年（1834年），四川总督鄂山命汶邑宰魏煜凿山开路，雁门关自此由栈道变门路。路成，总督鄂山亲巡于此，且发现了雁门绝壁上"万载江山"的石刻，随行人员都说此当国运鼎祚孔长的吉兆。雁门关往茂县方向约200米，有一相对宽阔的平畴之地，是当年练习骑射的练兵场，故名"叫马场"。雁门关前可看到部分遗存的城墙，"通鹤城墙"，旧时，人们便通过此段城墙进入雁门关，通往茂县方向。

——阿坝师范学院编撰委员会编写：《青藏高原环境与山水文化·汶川卷》（一审稿），2017年，第133页。

雁门晴雪是汶川八大胜景之一。相对于四川盆地地区阴雨天气较多，汶川地区日照较好，冬季雪降之时，阳光普照，登高雁门关，雪景皑皑，形成独特的景致。

——阿坝师范学院编撰委员会编写：《青藏高原环境与山水文化·汶川卷》（一审稿），2017年，第143页。

相关诗词

过雁门观晴雪

邑生 高万昆

竟夕凉风促晓行，披裘五月度边城。
云浮玉垒千层现，雪映龙山一片明。
岭外虹霓垂古道，人家烟火趁新晴。
凝眸身在瑶池里，忘却蓬壶海上生。

——《阿坝州文库》编委会编：《阿坝州文库·（嘉庆）汶志纪略》卷四，四川民族出版社，2013年，第126页。

雁门关

佚名

未识何人凿，雄哉此雁关！
千年成道路，万载属江山。
雪霁朝晴里，霞映夕照间。
凌霄高阁废，叠石尚堪攀。

——《阿坝州文库》编委会编：《阿坝州文库·（民国）汶川县志》卷七，四川民族出版社，2013年，第235页。

相关传说故事

周仓背石

有关雁门的相关传说，最经典的莫过于三国名将周仓背石塞雁门。这是松茂汶等地妇孺皆知的故事，甚至在北川平武等地民间也广为传扬。相传，这一带的江中大石很多，周仓是宗渠（也叫周仓坪）的人，想在江中驶船筏，就运起神功，准备用一个晚上"三铲盘，九扫帚，一扫平阳成都府"。但当他第一铲盘下去时听见了鸡叫，他以为天要亮了，只好停下。但是这一铲盘已把从周仓坪到下游磨刀溪的几十里江中的大石头扫平了。又有相关传说，周仓认为既然当地人怕外地人进入扰民，便背一块几间房子大的石头，准备塞断雁门关。观音菩萨以为他在闹脾气，就学鸡叫，周仓以为天要亮了就只好把石头放下。

——阿坝师范学院编撰委员会编写：《青藏高原环境与山水文化·汶川卷》（一审稿），2017年，第143-144页。

现状照

雁门关关口（垭口）

古道寻珍——茶马古道在阿坝（都江堰至汶川）

俯视雁门关关口　　　　　　　　　远眺雁门关

关口题刻　　　　　　　　　　　　通鹤城全貌

雁门关全貌　　　　　　　　　　　从雁门关远眺过街楼（北向南）

古道及硬化路面

275

05
线路今昔对照表

茶马古道都江堰至汶川段新旧景观对照表
——据《近西游副记》对比现状

序号	前进里数	《近西游副记》记载情况					现情况		备注
		地名	房屋数（间）			房屋种类	地名	现状	
			民房	烟馆	客栈				
1		灌县					都江堰市		
2	8	白沙	200	未详	未详	瓦房较多	白沙社区	房屋为小洋房	
3	5	麻柳湾		未详	未详	瓦房、草房各半	麻柳湾	紫坪铺淹没区	
4	2	珠瑙坝	10	未详	未详	瓦房、草房各半	珠垴坝	紫坪铺淹没区	
5	7	楠木园	10	未详	未详	草房较多		紫坪铺淹没区	
6	2	龙洞子					龙洞子	紫坪铺淹没区	
7	6	龙溪镇	270	15	12	瓦房较多	龙溪镇	现龙溪镇，库区尾，多水患	骡脚站

线路今昔对照表

序号	前进里数	《近西游副记》记载情况				现情况		备注
		地名	民房	烟馆	客栈	房屋种类	地名	现状	
			房屋数（间）						
8	3	尖尖树	12	1	5	草房较多		未详	
9	2	小湾	5		2	草房		未详	
10	3	火烧坪	1		1	草房		火烧坪，荒废	现娘子岭上山途中马棚处
11	1.5	大湾	2	1	1	草房		未详	
12	2.5	乱石窖	5		2	草房		荒废	
13	3	娘子岭				瓦房	娘子岭	瓦房，县级文物保护单位	原有庙1，现无
14	1	新店子	5		3	草房		瓦房残垣，荒废	
15	4	甘溪堡	6、7	1	1	草房	甘溪堡	甘溪铺，瓦房，村民采药点	
16	5	西瓜垇	10	1	3	草房	西瓜垇	2处民居，瓦房	
17	5	映秀湾	40	6	8、9	瓦房、草房各半	映秀湾	映秀镇，震后新居	
18	10	豆芽坪	5、6	2	4	瓦房、草房各半		荒废	
19	10	东界垇	2、5	2	4	瓦房较多	东界垇	瓦房，已搬迁至映秀镇	
20	2	太平驿	3		2	瓦房	太平驿	荒废，碎石厂	明代驿站
21	8	兴文坪	20	2	7、8	瓦房较多	兴文坪	未详	

序号	前进里数	《近西游副记》记载情况					现情况		备注
^	^	地名	房屋数（间）			房屋种类	地名	现状	^
^	^	^	民房	烟馆	客栈	^	^	^	^
22	5	莎波店	12	2	4	瓦房	梭坡店	梭坡店，荒废	
23	5	银杏坪	20（上下村）	未详	4（下村）	瓦房	银杏坪	银杏乡震后搬迁点，小洋楼，古道已改，夹于其间	
24	5	沙坪关	13	2	5	草房较多	沙坪关	荒废。古道消失	骡脚站
25	1	罗喧湾	5		1	草房4、瓦房1	罗圈湾	罗圈湾，荒废。古道消失	
26	4	彻底关	13	7	3	瓦房、草房各半	彻底关	荒废。古道消失	
27	10	桃关	12	2	1	瓦房、草房各半	桃关	小洋楼。古道已改，夹于其间	
28	5	沙坝	9	1	3	瓦房、草房均有		荒废。古道消失	
29	3	索桥	30	2	8	瓦房较多	索桥	对岸草坡乡。古道尚存	
30	7	磨子沟	5	1	1	平房1，瓦房1，余草房	磨子沟	荒废。古道消失	
31	2	羊店	7	1	3	瓦房、草房各半	羊店	4处瓦房。古道一段，另与国道重合	近山顶东岳庙

序号	前进里数	《近西游副记》记载情况					现情况		备注
^	^	地名	房屋数（间）			房屋种类	地名	现状	^
^	^	^	民房	烟馆	客栈	^	^	^	^
32	3	飞沙关				瓦房	飞沙关	古道消失，关隘尚存，下有隧道	原有庙1，现无
33	2	三店	11	2	5	瓦房	三店	新村，人口较多，古道已变更为村道	与飞沙关间有新建大禹祭坛
34	3	高店子	3	1	1	瓦房	高店子	新村，人口较多。古道消失	
35	5	汶川城	城南7，城内18，城北130余	6	13	瓦房	绵虒	绵虒镇。小洋楼。古道与高速路重叠	骡脚站
36	10	白鱼落	20	4	10	平房、瓦房	玉龙	有震后搬迁至此居民	骡脚站
37	10	板桥	15	2	7	平房、瓦房	板桥	板桥村。古道、古街尚存	
38	4	磨刀溪	20	2	5	平房	磨刀溪	荒废。古道尚存	
39	3	七盘沟	30	3	10	前面盖瓦之平房	七盘沟	七盘沟村。古道已改	
40	3	七盘楼	3			平房	七盘楼	荒废	
41	1	沙窝子	8	1	2	平房	沙窝子	荒废，改果园。古道不可考	

序号	前进里数	《近西游副记》记载情况					现情况		备注
^	^	地名	房屋数（间）			房屋种类	地名	现状	^
^	^	^	民房	烟馆	客栈	^	^	^	^
42		威州	350	5（捆卖）	30	瓦房	汶川	汶川县城威州镇。古道消失	
43	3	姜舍坝	18	1	3	平房（颓垣甚多）	姜射坝	姜舍坝村。古道消失	
44	3	过街楼	18	1	2	平房	过街楼	现代村庄。古道变更为村内道路	
45	1	雁门沟	20	2	8	平房	雁门沟	雁门乡。古道消失	
46	1	雁门关					雁门关	雁门乡。内有通鹤古城，关隘、古道改建	

06

调查日志

2019年茶马古道都江堰至汶川段调查日记（节选）

• 陈学志 •

10月21日

上午从成都出发，前往都江堰。因下着淅淅沥沥的小雨，天空灰蒙蒙一片，我们到了奎光塔文物管理所，与付三云见面，查找相关资料。午饭后，细雨暂停，我们来到西街，开始调查工作。据文献记载和付三云介绍，西街是松茂茶马古道的始发地，早年间，西街有城门洞及城墙，石板路面，两侧为高低错落的两层悬山式民房，一层多为铺面，二楼住人；也有多家旅店、烟馆和日用杂货店，为当时灌县最繁华的街道。城门洞外有较大的骡马店，店内有几株树木，即今十字路口的参天大树。由于民房等多为木构建筑，易发生火灾，因而清代及民国时期建有消防水池。早年此地经商的以回、汉人居多，故西街右侧还修建有清真寺、城隍庙等寺院。

2008年汶川地震后，在上海市的援建下，西街被打造为酒吧一条街，后生意萧条，多数铺面已转营其他。现西街保留有城墙一段、石板路面多处、消防水池太平池等。路面宽3.5米左右，长约500米。

10月22日

早饭后，我们一行从都江堰西街出发，步行来到玉垒山（西关）脚下。该处现建有仿古门楼一道，入门楼后，左右有两条小道，一条较为陡峭，另一条较为平缓，较平缓者即官道。我们沿官道曲折盘旋而上，青草依依，林木葱茏，清新的空气沁人心脾。山顶即为宣化门，为原来出入都江堰的第一站和标志，现仍保留有明清城门及斗鸡台等遗迹，门上城楼为近年仿古建筑，此地为通关文牒检验处。出城门洞后，继续前行，发现有三段不长的古道，最长一段约30余米26阶，最短的一段仅5阶，碎石夹石板路面，石条或石块梯步。随后抵达玉垒关，此关是"三垴九坪十八关"的第一关，自此踏上去往松潘的征途。去往二王庙的途中，有两处牌坊、一座亭址、一处歇脚石，右侧岩壁上镶嵌一块残缺的明代治水碑和一块千佛碑。千佛碑上线刻大量造像，因酥化严重，主尊无法辨识，仅可辨识当胸作说法印及华丽的佛衣和右协侍、菩萨像，其余部分由上至下分别是佛、度母、两排护法、度母及不可辨的菩萨像。碑后岩石上分布7龛造像，风化严重，不可辨认。这是一处新的重要发现，是茶马古道上文化交流的重要见证物。我们一行人后到二王庙前，入山门时看了几通碑刻和题记，随后又顺河边公路（原古道）经安澜索桥，到达白沙。

午饭后，天空转阴，似要下雨。由于多数人未到过灵岩山，故我们决定到灵岩山看看。到灵岩山庄时也无路可通，因而下车开始步行上山，先沿一条小路而上，沿途有二十世纪八十年代开发灵岩山时各地施主捐助雕刻的各类观音像。在一山腰平地上，有一尊高大的金身观音像，周围还有一些小的陈设，供人参拜使用。站在此处，放眼远眺，都江堰市一览无遗。

我们原路下山，绕行到灵岩寺。灵岩寺多为石构建筑，占地广阔，气势恢宏。内有大量清乾隆年间石质仿木结构的古建筑和石刻造像。石刻造像区域可分为现代雕刻区和古代区两部分。现代部分为仿古菩萨像。古代区的一尊千佛塔较为特殊，塔基部分为典型的明清风格，但佛塔应为外来品。可惜灵岩寺管理较为落后，未曾对这些石刻雕塑进行过系统的调查和拓片。

付三云及管理所办公室主任介绍称，抗战时期，留居川西平原的许多著名学者曾在此居住讲学，也留下了许多经典的传说趣闻，都江堰市有一学者还专门著书记录。后来，王秀英听说我们来了，急忙赶来迎接，并亲自担任讲解，带我们四处游览，还邀请我们明天指导拓片工作。

10月23日

早饭之后，我们一行驱车到灵岩山，指导灵岩寺文管所的拓片工作。但此地阴冷潮湿，且有细雨，纸张不易干透，上墨困难，多数拓片并不成功。不过，灵岩山文管所的同志也初步掌握了拓片的基本方法，这也算是我们与同行之间的一次业务交流活动。

10月24日

接州局通知，我与三朗罗尔吾早上六点出发，赶往茂县，参加"阿坝州重点电网项目建设推进会议"。其实此会与我们的业务工作无多大关系，仅仅是了解而已。会后，我们赶回都江堰，天公不作美，下起了绵绵细雨，野外工作无法开展，我们只好待在宾馆内整理资料。

10月26日

上午下雨，我们在室内整理资料。翻看天气预报，近期都江堰均为雨天，遂决定中午转场汶川继续开展工作。

10月27日

  早上起来一看，天空晴朗，万里无云，是个开展调查工作的好天气，压抑许久的心情为之一振，感觉全身通透流畅，汶川境内的调查工作正式拉开帷幕。早饭后，我们首先到达雁门关，计划重新拍点照片。但走上威茂老路到达雁门关前，眼前的情景让我们有些心寒。从过街楼村绕道过沟而上，沿途已开挖了许多沟，旁边堆着成捆的塑料水管，可能是想沿路边在山脚下埋铺水管。雁门关汶川一侧修有一座水塔，显得十分突兀，与周边环境不相协调。按文献记载，此处有一"万载江山"题记，位于关门右侧岩壁上，现仅看见题记边框，内容已风化严重，模糊不清，无法辨认了。从相关资料来看，雁门关附近古道原是顺河边走的，后因洪水冲刷垮塌，清代时在岩壁上重新开凿。此关为茶马古道的一处重要隘口。

  站在雁门关朝过街楼俯视，通鹤城在民居环绕中有种鹤立鸡群的感觉，修复后的城墙在阳光照射下泛着灰白色光芒，显得古朴而沧桑，默默地述说着此地的前世今生。

  离开雁门关，我们原路返回，准备对姜射坝进行航拍。姜射坝在岷江右岸，村落沿河分布，现已有加油站、沙石料场等，传说当初姜维策马射箭之处已无处寻觅。山崖上保留古道一段，因无法靠近，只好用无人机航拍，至于是不是原有老路，估计现已无人知晓。

  离开姜射坝，经威州镇，从郭竹铺过河，经万村上山到达沙窝子。沙窝子为万村一小组，位于七盘山与威州之间，为茶马古道的必经之处。原有村民十余户，石墙瓦房，分布在古道两旁，2008年地震后房屋受损严重，现村民已搬至山下集中居住，老房破败不堪。部分村民在乱石堆中开辟了若干大小不一的田地，种植一些时令蔬菜。村中原有一座观音庙，现已完全垮塌，路旁有一棵粗壮老树枝繁叶茂，生机勃勃。另，从沙窝子到威州的半山腰上，有一悬崖名撂官崖，又名廖公崖，不知是否与三国时期被贬居汶川的廖化有关？民间对摺官崖有一传说，表现了人民对贪官的深恶痛绝。

沙窝子离七盘关不远，有道路相连。七盘关上关门及七盘楼、武庙均已不复存在。现铁塔林立，别有一番景象。七盘关地势险峻，位置独特。站在关口，视野开阔，前可眺望对面的大坪，后可遥望威州。山坡上有许多石棺墓，公路断坎上时有暴露，但已被盗掘一空。此处还有一座大石墓，墓内乱石中夹杂有大量秦汉时期的陶片，若适当清理一下，或许会有较大收获。

过七盘沟镇而下，我们又来到位于威州镇七盘沟社区青沙坪的磨刀溪。据传古时此地有一溪，溪中石质多为砂岩，易于磨刀，因而得名。此处现已无溪水或者河流存在，仅能辨认出两山间有一干涸的冲沟。此地现基本无住户，早在20世纪末21世纪初，政府便组织将该处居民搬迁至青沙坪。此地现为百姓耕地，种植部分农作物和水果。

我们遇见一周姓老婆婆，据她介绍，从摺官崖至板桥关之间大部分古道遗迹因汶川地震和泥石流等影响，均被埋没。附近山腰处现存一小段道路遗迹，部分道路已经垮塌。

午饭后，我们一行又来到磨刀溪，李勤学、潘莉、三朗罗尔吾上山探寻古道，我与范永刚在山下与村民交谈，得知当初村民搬离此地是因为无法解决人畜饮水问题。现此地留存有许多废弃建筑，村中有数株百年以上的柏树，树荫下还隐藏着不少古墓，显示出此地曾经的繁华，也在一定程度上见证了磨刀溪的历史变迁。

10月28日

早饭后，我们一行先到姜维城遗址进行复查，主要目的是让潘莉熟悉了解姜维城的历史和价值；后在加油站航拍对面的摺官崖，再到磨刀溪对面 213 国道旁进行航拍，了解此段路线的保存情况和走向；后又到板桥关及玉龙航拍，主要是弥补三年前的调查未有空中俯视图片这一不足；后到绵虒一线调查，其结果与前次调查内容一致。我们顺便带潘莉等参观了绵虒古镇的街道、文庙、奎星阁、城隍庙等，这些均为汶川地震后由广东珠海援建的。

下午，前往高店子调查。高店子原为一人口较为密集的大村，现因附近有广东援建的大禹农庄及大禹祭坛，故已改名为大禹村。据调查，在大禹村与大禹祭坛之间，还有老店子、三店子和新店子，再向前就是有名的飞沙关。此地背后的山名石纽山，山上有一平地曰刳儿坪，相传为大禹出生之地。原本想上山去看一看，无奈因道路塌方而未能成行，实属遗憾。听村民介绍，老店子山坡上还有瓦窑坪，是曾经烧瓦较为集中的地方。我们决定到现场瞧瞧，结果未发现遗迹。

后到飞沙关，因时间关系未上山，继续沿老成阿公路向前来到羊店。据村民介绍，古道就在民居前面，部分路段因成阿公路扩建被毁，现保存路面为石板错拼，宽 1.5 米左右。另外，此地高山上有一寺庙名东岳庙，曾经香火十分旺盛。村民上山有小路，但汶川地震后已荒废，如无人带路，是无法找寻到的。李勤学等还跃跃欲试，但因安全及时间原因被我阻止，不料还引起他们小小的不满，其敬业精神还是令人钦佩。

10月29日

早饭后，我们来到飞沙关。三年前调查时未能上山，内疚许久，耿耿于怀。此次下定决心一定要爬上去，哪怕跌倒摔跤也不足惜。李勤学等认为我年纪已大，腿脚不便，出于安全考虑而劝阻我，我答应跟随在他们身后。飞沙关原有路径，成阿公路修建时在山脚凿了一条隧道，古路于是无人整治。2008 年地震时山体垮塌，小路或被掩盖，或被震断，我们只好找段近路，顺坡而上。一路上草深过膝，荆棘密布，异常难行，但未能阻挡我们前行步伐。经过半个多小时的努力，我们终于登上关顶。顶上圣母祠遗迹及"石纽山"题记已荡然无存，只有一座电塔矗立。站在此处，遥望远方，山体相连，河水弯曲，别有一番景致。我们也终于了却了一桩心愿。

后到磨子沟调查，情况并不理想，也无人可以询问。磨子沟为一冲沟，地震后进行了整治，建有一泥石流挡墙，无论在沟内还是山腰，均未能发现古道痕迹，故我们推测，古道应该是沿山脚而行，后因成阿公路的修建而被毁。

中午饭后到大禹坪调查，据老村支书李大爷介绍，此地的道路有两条：一条是沿山脚的挑担路，另一条是半山腰处的骡马路，基本上自娘子岭下来至七盘沟都是如此，只有小部分路段有重叠。但目前大禹坪的古道已经基本消失，仅存燕子岩有一小段，因两头路断，已无法攀登。

11月1日

早饭后，驱车到草坡索桥航拍。期间访问了在此养蜂的白大爷，据他介绍，在索桥处上山，彼处现保留一段古道遗迹，因汶川地震和泥石流影响，古道受损严重。于是我们随着他爬上陡坡，开始寻找古道。古道位于山腰，距河岸高约20～30米，与现钢丝防护网基本平行，部分道路紧临悬崖，因泥石流冲击，部分道路中断，但可攀爬通行，目前可供通行路段长约500多米。清理出长1.7米，宽1.54米的路段。清理的路面上保留有动物或者行人的足迹。石头上杵洞十分明显，是背夫们为休憩方便而凿的。此段为以前调查时所遗漏。

后来到桃关复查，村中保存有一段古道。碎石路面，路道较宽。据刘大爷介绍，原古道实为现在他们住宅门前公路。山上的道路是1952年修建成阿公路时新开便道。在桃关隧道处原有一洞子，修成阿公路时被毁。

现沙场附近有部分古道。清乾隆平定大小金川时，曾在此地设粮站屯兵。

后又沿都汶公路老路顺江而上来到福堂坝。2016年曾到此调查，一别三年，物是人非，此地在2019年洪灾中受损严重，旁边冲沟堆满泥石流带来的巨石，房屋破损已无人居住。原冲沟对面有一巨石，上有"临渊庐"题记，现在巨石被泥石流生硬切割为两截，题记所在部分已不知去向，幸好我们当时还拍有照片。福堂坝山脚有宋代摩崖造像，仍然保存，也为不幸中之大幸了。

后绕道到福堂坝电站机库，原有机耕道因多处垮塌而不通，我们只好在乱石堆中穿越前行。路边岩石上"山高水□"题记仍在，但较为模糊，并且一字已毁。

后又到桃关沙坝调查。旧时此地设有关卡，原有一可供通行的索桥，木质结构，易于重修，可直通耿达。山腰处现存部分古道遗迹，已被杂草覆盖，无法通行，只好航拍几张照片。

11月3日

因天气不佳，故先到桃关沙坝和佛堂坝进行航拍。

随后前往银杏调查。此路段基本沿山脚而行，后被国道占用部分，向下是羊子岭（小娘子岭），据村内老年人介绍，羊子岭上原有观音庙一座，现已毁，未找到遗迹和古道。

后到银杏乡驻地兴文坪，经三官庙管理者罗奶奶（86岁）介绍，原道路由太平驿至羊子岭都是沿山脚而行，现三官庙为由原址搬迁至此，旧时还有文昌宫，现已毁。古道是现庙前的道路。

与此同时，经村民带路，我们在附近隧洞口靠山路处发现一通石碑，为三角形天然石块，最宽处120厘米，高160厘米，竖刻"一碗水"三字，无年代落款。

11月4日

上午继续航拍，沿路依次拍摄了沙坪关、银杏段（两处）、兴文坪。随后我们继续调查太平驿等处，沿路的环境改变较大，我们初步认定古道仍然是沿山脚河滩而行。下一站为麻柳湾，未发现古道。随后前往东界垴（映秀湾电站水库），询问老者，但亦未能发现相关线索，依旧按原调查认定。返回途中前往板桥关了解骡马道的问题，确定了板桥段仅有一条道路，此地还是红军战斗遗址。在板桥关村中发现了曾经的道路和基本的街景，也算是一种补充。最后，范永刚所长称在近磨刀溪位置也有古道，经调查，未能有所发现。现在最大的疑惑是两条道路之间的关系，是否存在骡马道与脚夫路的区别？

11月5日

我们首先前往太平驿，此处原是从成都北上的重要骡马店，特别是乾隆年间，还是重要马场之一，但现在已经被沙场所占，客店全无。

后到东界垴调查，此处是已调查路段，但经询问，发现了"小桥流水"题刻的遗址和名为清水驿的小地方。我们确认了此路段是沿河而行。

最后前往映秀老街村复查，此路段仍是保存最长的路段之一，变化较大，原古道处添建了一条水渠。至此，汶川县境内的调查基本结束，仅剩都江堰白沙至映秀的路段，但仍有两段道路的问题未解决，这让李勤学念念不忘。

11月7日

由映秀返回都江堰，准备再次翻越娘子岭。

11月8日

继续开展都江堰境内未完成路段的调查。白沙至茶关一段基本已毁，特别是茶关段已被紫坪铺水库全部淹没，仅放水时可见一段石梯。我们发现了境内都江堰烧炭和石灰的运输古道。

11月10日

等了几天，天空终于放晴，准备再次翻越娘子岭。范永刚、付三云、龙刚将我们送到龙池镇云华社区后返回映秀等待。我与樊拓宇、李勤学、潘莉、三朗罗尔吾随两名向导上山。此次所走路线与三年前的路线略有不同，是真正顺古道而行的。我们新发现了部分路段。途中有一马棚，旧称幺店子，是为奔走的背夫们提供住宿和饲养马匹的地方。近山垭口时，又参拜了邓真人墓，发现被盗掘了，墓碑歪倒，墓冢大开，一片狼藉，不过借此可发现此墓为砖室墓。经过近三个小时的艰苦努力，我们终于再次来到娘子岭垭口。此时的银台观已基本完工，显得较为整洁宽敞，"银台积雪"碑已竖立在亭旁。听守观的王大爷介绍，离此地不远处还有十四世真人墓。于是，李勤学、潘莉、三朗罗尔吾随向导又去寻找，我与樊拓宇则在观内与王大爷摆谈，并四处查看。我们在寺观后发现了三口泉眼。大殿内有一段残碑，正殿前竖立一碑帽，额书"惠达亨衢"，据说是在三眼井附近挖出来的，碑体尚未发现。残碑文字多已漶漫不清，但王大爷却能背诵出来。李、潘等回来报告，说十四世真人的墓已找到，真人名为李复茂，生于乾隆二十八年，是都江堰罗圈湾人。向导说山腰还有第十五世真人墓，病逝于1949年，但墓较远，道路已废，我们无法前往，只有留给市局的同志去调查了。娘子岭往映秀方向古道是沿甘溪铺至新店子，再到西瓜垴，最后到映秀老街村的，与现在沿沟而下的道路不同。下午两点过，范永刚所长等开车来接我们，晚上住映秀。

11月11日 ·

上午下雨停工。下午继续开展调查。甘溪铺原是经娘子岭后重要的驿站之一。新店子至西瓜塇的古道已经变为机耕道。

2019年茶马古道调查日志（节选）

李勤学

2019年10月21日　星期一　多云

成员：陈学志、范永刚、李勤学、潘莉、三朗罗尔吾、付三云

地点：都江堰西街

今天抵达都江堰，会同都江堰奎光塔文管所付三云一同开始茶马古道都汶段调查。本次调查是继2016年茶马古道调查后的一次复查，目的是为了完善上次调查的遗漏处。起点仍然是西街。西街是茶马古道西线的起点，原有城门，现已毁，旁边有大型骡马店。西街历经两次拓宽，由之前可容两匹马并排行走变为现在的约3.5米宽，长约800米，路两旁原有陕西会馆、清真寺等，在20世纪被毁。

2019年10月22日　星期二　阵雨

成员：陈学志、范永刚、李勤学、潘莉、三朗罗尔吾、付三云

地点：都江堰西街至二王庙

今天从西街开始上山，原有两条山路，一条陡峭、一条平缓（官道）。现已全部改建。上山第一站为宣化门，是过去出入都江堰的标志。现建筑

保留明清以来的建筑风格，城门上筑城楼（可能为通关文牒检验处）。继续出发，一路上发现不长的三段老路——最长约30余米、其次的为26阶，最短的一段仅5阶。随后抵达玉垒关，此关是"三堖九坪十八关"的第一关，自此踏上去往松潘的征途。沿途还有两处牌坊、一处亭址、一处歇脚石及二王庙，路旁有一块明代治水残碑和一块千佛碑。千佛碑上线刻大量造像，因酥化严重，主尊无法辨识，仅可见当胸作说法印及华丽的佛衣和右胁侍、菩萨像，其余部分由上至下分别是佛、度母、两排护法、度母及不清晰的菩萨像。碑后岩石上分布7龛造像，风化严重，不可辨认。这是一处新的重要发现，是茶马古道上文化交流的重要见证物。

下午下起了毛毛雨，陈学志所长、范永刚所长决定带我们一行去灵岩寺参观，该处是全国重点文物保护单位，内有大量的石刻造像和清乾隆年间的古建筑。石刻造像区域分为现代雕刻区和古代区两部分。现代部分为仿古菩萨像；古代区的一尊千佛塔较为特殊，特别是塔基部分，为典型的明清风格，但佛塔应为外来品。可惜灵岩寺未对寺中的大量石刻雕塑进行过系统的调查和拓片，我们因此未能找到可供学习的资料。

2019年10月27日　星期日　多云间晴

成员：陈学志、范永刚、李勤学、潘莉、三朗罗尔吾

地点：汶川县雁门关至磨刀溪

今天终于放晴了，我们立刻开始汶川的调查工作，从雁门关开始，原计划重新拍点照片，结果发现雁门关附近新修了各类建筑，无法拍照。有一处无法辨认的题记，陈学志所长认为是"万载江山"，我个人并不这么认为。这条古路应是一条清代开凿的道路。我们随后前往姜射坝，对姜射坝进行航拍，此处山崖上保留一段古道。我们紧接着到沙窝子航拍，三年前的观音庙已经完全垮塌了，通过航拍，我们发现原七盘关上已建满了各式铁塔，远眺大坪，依旧可以看见七盘关险峻的地形。我们最后前往磨刀

溪寻找曾经未找到的古道，在找寻过程中，咨询了正在劳作的66岁周婆婆。据介绍，古道在汶川地震后已经完全荒废了，但估计还有一小部分遗址。我们于是根据此线索向着目标进发，果然找到了一段10余米长的古道。该古道路段已被各类植物覆盖，保留段长约10米，宽1.6米，中间有一道类似路肩的结构，但在过去的调查中并没有发现过，这是个较大的疑点。我最初猜测是路肩或者沟渠的坎，但随后否定了是沟渠的想法，因为在这个结构上发现了类似马蹄窝的踩踏遗迹，因此，这段路为茶马古道无疑。但左右而分的结构还值得我们进行深入研究和考证。

2019年10月28日　星期一　晴

成员：陈学志、范永刚、李勤学、潘莉、三朗罗尔吾

地点：磨刀溪至羊店

今天一大早，我们首先前往姜维城复查，主要目的是带潘莉熟悉文物保护单位和让其了解我们调查过的地点；随后前往擢官崖和磨刀溪进行航拍，使潘莉基本上了解此段路线的保存情况和走向；随后前往板桥关进行调查，此处古道沿岷江东岸而行，是我们曾经调查过的道路，这一次，我们航拍了全景；随后前往玉龙，此处是保存较好的一段，有石凿的梯步；再前往绵虒调查，这次调查的结果和原来一致。下午，我们前往高店子调查，现高店子已经改名叫大禹村。我们理清了高店子至飞沙关间的道路，高店子、三店子、老店子和新店子连接飞沙关，彼此之间距离0.5千米左右。这几处的关系还是未能搞明白，也无据可寻，只好把问题留给以后再解决了。老店子山坡上还有瓦窑坪，是曾经烧瓦较为集中的地方，但现在遗迹全无。我们因时间原因未前往飞沙关，继续前行到羊店，在羊店确认了一段古道。据村民曾大爷讲，附近的山顶有东岳庙，曾经香火旺盛，但在汶川地震后基本荒废。

2019年10月29日　星期二　晴

成员：陈学志、范永刚、李勤学、潘莉、三朗罗尔吾
地点：飞沙关至草坡大禹坪

今天一大早我们首先前往飞沙关进行航拍，随后登上飞沙关进行调查，发现受地质灾害影响，现在的路与三年前相比，损毁更加严重了，同时杂草已经足有一人高，完全没法拍照与调查。我们随后前往磨子沟找寻古道，但情况不理想，亦没有找到可供咨询的人。根据我们推测，古道应该是沿山脚而行。我们下一站前往草坡大禹坪调查，有幸找到了老村支书李大爷（76岁）。据他介绍，原来的道路有两条路，一条是沿山脚的挑担路，另一条是半山腰处的骡马路，基本上自娘子岭下来至七盘沟都是如此，只有小部分路段是重叠的。李大爷的介绍印证了我的推断。目前，大禹坪的古道基本已经消失，仅在燕子岩有一小段，但人已经无法攀登。随后大家商量着要找一段保存较好的骡马道进行调查。下午我们前往成都开会。

2019年11月1日　星期五　晴

成员：陈学志、范永刚、李勤学、潘莉、三朗罗尔吾
地点：草坡索桥至桃关

今天继续开始调查，首先前往草坡索桥进行航拍。我们咨询一位大爷（79岁），据大爷介绍，草坡索桥附近的铁丝网围栏位置，现在还有一段古道保留。我们沿着铁丝网围栏调查，发现大部分道路已被落石掩盖，仅个别路段可以分辨。我们发现了一段保存情况较好的道路，清理后，路面显露出磨损和凿刻痕迹，证明了这就是茶马古道，是我们三年前调查遗漏的地方。此路段呈不连续分布，总长约500米。我们随后前往桃关进行复查，该路段是已调查路段，有较完整的遗存，我们此次前往只是带潘莉看了看点位。然后前往福堂坝进行复查。受泥石流影响，田大爷房屋已经被冲毁，

刻有"临渊庐"的岩石也被毁了。只有"山高水□"的题刻还在，但已被荒草掩埋。我们最后到桃关的沙坝附近调查，未发现古道遗存。

2019 年 11 月 3 日　星期日　阵雨

　　成员：陈学志、范永刚、李勤学、潘莉、三朗罗尔吾

　　地点：桃关至兴文坪

　　今天首先前往桃关（沙坝）和佛堂坝进行航拍，此路段是曾经调查的点。随后前往银杏调查，此路段基本沿山脚而行，没有其他道路，后被国道占用部分，向前是羊子岭（小娘子岭）。据村内老年人介绍，羊子岭上原有观音庙一座，现已毁。我们未找到遗迹和古道。随后前往银杏乡的驻地兴文坪，经三官庙管理者 86 岁的罗奶奶介绍，原道路从太平驿至羊子岭一段都是沿山脚而行，现三官庙为自原址搬迁至此，之前还有文昌宫，现已毁。古道是现三官庙前的道路。在现附近隧道处有石碑一通，时代不详，石碑为三角形天然石块，最宽处近 120 厘米，高 160 厘米，竖刻"一碗水"三字，无落款。根据航拍照片，附近应是一片陡峭的坡地。

2019 年 11 月 4 日　星期一　阵雨

　　成员：陈学志、范永刚、李勤学、潘莉、三朗罗尔吾

　　地点：兴文坪至东界脑

　　今天上午继续航拍，依次拍摄了沙坪关、银杏段（两处）、兴文坪，并沿太平驿调查，沿路的环境较古时有较大改变，我们沿河滩山脚而行至麻柳湾，均未发现道路。随后前往东界垴，询问老者，亦未能发现古道线索。我们在返回途中前往板桥关了解骡马道的问题时，确定了板桥关附近保存有一条道路。我们在板桥关村中发现了曾经的道路和基本的街景。最后，范永刚所长说在磨刀溪也有古道，但经调查未能有所发现。我们现在最大的疑惑是两条道路是否分别为骡马道与脚夫路？

2019年11月5日　星期二　多云

成员：陈学志、范永刚、李勤学、潘莉、三朗罗尔吾

地点：太平驿至老街村

我们今天继续前行，首先前往太平驿，此处原是茶马古道都汶段的重要骡马店之一，明代便有官方记载。特别是乾隆年间，还是重要马场之一。但现在已经被沙场所占。随后，我们前往东界垴调查，此处是已调查路段，但经询问，发现了"小桥流水"题刻的遗址和清水驿，也确认了此段古道是沿河而行。前往老街村复查之后，我们确认此路段仍是茶马古道西线保存最完整的路段之一。该段古道旁添建有一条水渠。至此，汶川县境内的调查已基本结束，但仍未解决骡马道与脚夫路这两条道路关系的问题。

2019年11月8日　星期五　多云

成员：陈学志、范永刚、李勤学、潘莉、三朗罗尔吾、付三云

地点：白沙、茶关至龙池

今天继续开展对都江堰市境内剩余路段的调查。我们在白沙社区询问了多位老者，被告知白沙至茶关的古道基本已毁，渡口和索桥位置不太确定，估计和现在桥的位置差不多。我们只好放弃进一步调查的计划。随后前往茶关航拍，我们再次确定茶关到龙池（龙洞子）一段的古道已全部被紫坪铺水库淹没，但新发现了都江堰境内烧炭和石灰的运输古道和马落井等，也算有所收获。

2019年11月10日　星期日　晴

成员：陈学志、范永刚、李勤学、潘莉、三朗罗尔吾、付三云、樊拓宇

地点：龙池、娘子岭至甘溪铺

等了几天，总算放晴了，我们准备再次翻越娘子岭，机耕道的修筑使

得我们的起点近了不少。在原道路基础上，我们又发现部分路段，基本可以走到娘子岭顶，沿途调查了邓真人墓。芳真人系银台观第十三世真人，墓已被盗，我们也得以窥看了墓室结构，其为单室砖石墓。据现道观内王大爷介绍，此处不远有十四世真人墓，于是我们前去查看。十四世真人名为李复茂，生于乾隆二十八年，为现都江堰罗圈湾人，其墓同样被盗过，但墓冢基本还在，墓碑也保存得很好。由于时间所限，我们对两通墓碑只作了拍照记录，未能拓片，把工作留给都江堰的同志吧！第十五世真人墓距道观较远，且道路已废，无法前往，得知其死于1949年。娘子岭往映秀方向道路是沿甘溪铺至新店子再到西瓜塇最后到老街村，这段路并非沿沟而下，汶川地震之后几近全毁。

2019年11月11日　星期一　阵雨

成员：陈学志、范永刚、李勤学、潘莉、三朗罗尔吾

地点：甘溪铺至西瓜塇

上午下雨，整理资料，下午继续开展调查。甘溪铺原是经娘子岭后重要的驿站之一。新店子至西瓜塇的古道已经变为现在的机耕道，甘溪铺较之三年前更加荒废，估计真没人来了。我们在西瓜塇放飞无人机，从此处可看见老街村。

07

调查掠影

测量摩崖石刻

测量板桥关关口遗迹

调查掠影

测量娘子岭西麓古道

古道寻珍——茶马古道在阿坝（都江堰至汶川）

测量西街古道 　　　　　　　　　　测量玉垒关古道

第一次翻越娘子岭后合影

二过娘子岭

翻越塌方路段

翻越滑坡冲沟

翻越娘子岭东麓垭口栅栏

调查掠影

高店子走访

核查石碑现状

309

拍摄西关城墙

攀登娘子岭东麓陡坡

调查掠影

攀登飞沙关

攀登飞沙关

古道寻珍——茶马古道在阿坝（都江堰至汶川）

清理索桥古道

调查掠影

攀登雁门关

调查七盘关崖墓

聆听汶川县已退休汪馆长讲茶马古道历史

调查掠影

温柔的一摔

古道寻珍——茶马古道在阿坝（都江堰至汶川）

①无人机航拍
②西街走访调查
③现场讲解古道历史

调查掠影

古道寻珍——茶马古道在阿坝（都江堰至汶川）

银台观拓片现场

调查掠影

映秀老街走访

银杏乡现场走访

与都江堰市文物局召开茶马古道调查座谈会

后记

为详细梳理阿坝州茶马古道线性文化遗存现状，阿坝州文物管理所（2019年更名为：阿坝州文物考古研究所）组织骨干队员成立调查队，分别于2016年4—5月以及2019年10—11月开展茶马古道都汶段（都江堰市至汶川县）的田野调查工作，共历时近70天，往返近2000公里、徒步近300公里，走访群众百余人，拍摄照片万余张、视频10余段，利用30余架次无人机进行航拍。本次调查取得了重大的收获，较为全面地摸清和掌握了该段茶马古道及周边文化遗产的保存状况，为今后进行科学研究和制定保护规划奠定了坚实的基础。调查期间，队员们收集、整理《松游小唱》、民国《近西游副记》、嘉庆《汶志纪略》、民国《灌县志》、民国《灌县交通志》、《青藏高原环境与山水文化·汶川卷》等10余种文献及相关文章中关于茶马古道的记载。基于丰富的考察成果，调查结束后，团队庚即组织人员着手编写《古道寻珍——茶马古道在阿坝（都江堰至汶川）》，以向社会各界公布此次调查成果。全书分为调查综述、调查线路图、调查成果、调查日志、调查掠影、后记等几部分。

本次调查采用实地走访调查、数据采集、文献查阅等方式，对都汶段古道及沿线的文物本体、遗址（迹）、驿站等进行勘察测量，利用无人机、